50歳からの私にちょうどいい美容と健康

柿崎こうこ

CCCメディアハウス

はじめに

ふだんＳＮＳなどで美容について発信しているわけでもない私が、今回、美容や健康をテーマとしたイラストエッセイを出版することになったいきさつを、先にお話しさせてください。

上京してすぐのひとり暮らしの部屋で、スキンケアに燃え、ダイエットに励み、ミニキッチンでバランスを考えた料理を作り……。20代のはじめにはすでに美容好きで、健康おたくな暮らしをしていました。

イラストレーターとして活動できるようになった20代後半。女性週刊誌で、美容取材をして、イラストでレポートをする仕事を経験させていただいたことがきっかけで「美容はおもしろい！」とますます白熱。

コスメやエステ、さまざまな健康法、海外のスパにホリスティックリゾート、断食道場……公私で熱中するうちに徐々に美容系の仕事が増え、その後のイラストエッセイの出版にもつながっていきました。

女性誌の編集者さんが「自他ともに認める、健康おたくでビューティーマニアのイラストレーター」というプロフィールを作ってくださったのもこの頃です。

その肩書で30代を過ごし、40代に突入。愛着があったこの肩書に、徐々に違和感を覚えはじめました。

肌など見た目の衰え、疲れが取れにくいなど体調の変化にとまどいました。離婚を経験し、将来への不安や家族に関わる悩みなども。美容もおしゃれもちょっと億劫で、それまでの意欲的な自分とは変わっていくのを感じていました。

今思えば、更年期の影響も出はじめていたのだと思います。

それでも、40代半ばではじめた空手や、当時引っ越しをしたばかりの家を自分好みにととのえたり、こまめに掃除をしたりという、好き、楽しいと感じられることが、私を少しずつ元気にしてくれました。

大きく変わったのは、2021年に前作『50歳からの私らしい暮らし方』（エクスナレッジ）を出版したことがきっかけです。

出版を機に取材撮影の依頼が増え、自分を客観視する機会も増えました。

普段鏡で見ていたより冴えない顔色、疲れて見える表情、むくみにシワ……パッとしない写り方に、ショックを受けました。

「もう少し、自分がいいなと思える私になりたい」

元ビューティーマニアの血が騒ぎました。

新しいものを取り入れたり、これまでのやり方を変えたりして、研究と実践は現在進行形です。

また、取材を受けることで、普段からそれまでよりもう一段深く考えを掘り下げる癖がついたような気がします。おかげで「40代の冴えなかったこともすべてが糧として必要だった」と受け止められるようになり、さらに元気になれたと思います。


現在53歳です。

シミもシワも白髪も増えましたが、手をかければ、肌も体もまだまだ反応してくれるのでやりがいを感じています。

少しいい結果が出たり、ほめられたりすると、それだけでしあわせです。


こんなふうに久しぶりにワクワクしはじめたとき、かつて一緒にイラストエッセイを作った編集者さんが「50代の美容と健康をテーマに本を作りませんか?」とお声をかけてくださいました。

本書は
私が若い頃から重ねてきたこと、
40代のグレーな時期があったからこそ気づき、得られたこと、
50代からはじめたこと、工夫していること、楽しんでいることを、
「ととのえる」を軸に、体、見た目、暮らし、心の4つのテーマで区切り、綴りました。

ここでの「ととのえる」は、「自分にとっての心地よさを探る」ということです。
その基準は人それぞれですが、自分の心地よさのためにできること、そこに目を向けられたら、その人らしい美しさや健やかさが自然についてくるように思うのです。

私は、友人や気のいい人たちとおいしいごはんを食べながらお酒を飲みながら、おしゃべりする時間にしあわせを感じます。おしゃべりの中で、大事な気づきがあったり、影響を受け合ったりすることもよくあります。
この本が、そんな有意義なおしゃべりのような1冊になれたらうれしいです。

Contents

はじめに……2

第1章

体をととのえる

年々変わりゆく私の取扱書……12
長年の習慣「お灸」と「アロマ」を手放しました……14
ルーティン化できたヨガと頼りの整体……16
更年期外来で今より少し元気になる……18
知るだけでちょっと役立つ。自分のエクオール値……22
早いに越したことはない骨密度検査……24
50歳前後を境に減る一方。骨のためにできること……26
更年期ケアの歩き方案内……28
女性も無縁じゃない。プレ加齢臭対策はじめました……30
臭わない足のつくり方。角質を攻略する……32

「口臭はある」が大前提。臭いの元をゼロにする方法……34
オーラルケアとアイテムは更新し続ける……36
1日の終わりに湯船を味方にととのえる……42
Column まっさらな香り……46
「快眠」プラス「防災」のために進化した寝室……48
裸足が好き。冷やさないためにしていること……50
腸を観察したら便秘薬を手放せた……54

第2章

見た目をととのえる

朝の洗顔を変えて2年。肌の調子がぐんと上がった……64
美容液超え!?　保湿のバリエーション……66
もたつきを秒でスッキリ。フェイスラインをととのえる……68
スキンケアからメイクまで。場所を行き来する理由……70

自前メイクにテコ入れする！　「ベースメイク」を変えてみる……72
「苦手」からの解放。大人の肌にさくら色を……74
気になってきた顔のシミ。はじめての美容医療……76
大人の目元は引きしめてやわらげる……80
まつ毛のちょうどいい濃度と角度……82
Column アイライナーといいとこ……84
いずれはグレイヘア。その日が来るまでに……86
「手に年齢が出る」を実感中。今後の方向性……90
50代、再びファッションが楽しくなってきた……92

第3章 暮らしをととのえる

冷蔵庫を買い替えたらしあわせしかなかった……100
丁寧な暮らしよりも暮らしになじむことが理想……102

新しい習慣を気持ちよく根づかせる……104
目、骨、肌、腸。大人こそにんじんを食べよう……108
乾物はナチュラルサプリメント……110
知らぬ間にダイエット。おそるべしシークヮーサー……112
おやつもお酒も我慢しない。やんわりしたルールで楽しむ……114
Column 新しい扉が開いた日……116

第4章

心をととのえる

空手が教えてくれた体と心の変化……126
手を差し伸べられる人でありたい……128
「伝える」ということについて。自分の言葉を振り返る……130
「なんとなく不安」をやめる。今より少し気楽になる……132
心を映す新しい日課。平穏というしあわせ……134

YouTubeで「私」を発信する。好きや得意を仕事に……136
Column 30年目のバトンタッチ……138
いいにくいことも伝えあう関係。ありがとう女友達……140
今、パートナーシップについて思うこと……142
猫と暮らすこと。ぜんぶ愛おしい日々……144
ずっと続けてきてよかった！　実感していることリスト……148
おわりに……150

＊山本浩未さん（P64）
ヘア&メイクアップアーティスト
インスタグラムのライブ配信「毎日Beauty Live」も大好評。近著『60歳ひとり暮らし 毎日楽しい理由』（小学館）。
「スチーム ON 顔®」の手順は、ご著書やインスタグラムで紹介されていますので、ぜひご覧ください。
Instagram @hiromicoy

＊Life With Cat（P144）
まるおとしろちゃんの譲渡でお世話になった千葉県の団体。TNR 活動（外猫を捕獲して不妊や去勢手術を行い、猫が暮らしていた元の場所に戻すことで繁殖を抑える活動）や保護、里親につなぐ譲渡など、猫のための活動をしています。
Instagram @lifewithcat.chiba

第1章

体をととのえる

年々変わりゆく私の取扱書

更年期の体調は、刻々と変わっていくものと実感しています。48歳より50歳、50歳より今のほうが、体も痛めやすくなりました。筋肉も関節も、動かさないとすぐ硬くなります。例えば、肩を回したときも所々に引っ掛かりがあって、クルクルッといかず、角度によって痛みが走ることも。節々のしなやかさやなめらかさを保ってくれる女性ホルモンのサポートが少しずつ手薄になってきているのだと思います。

通っている整体の先生によると、座っている時間が長いと、腿裏やお尻など背面が硬くなりやすく、それが元で腰痛を引き起こす場合もあ

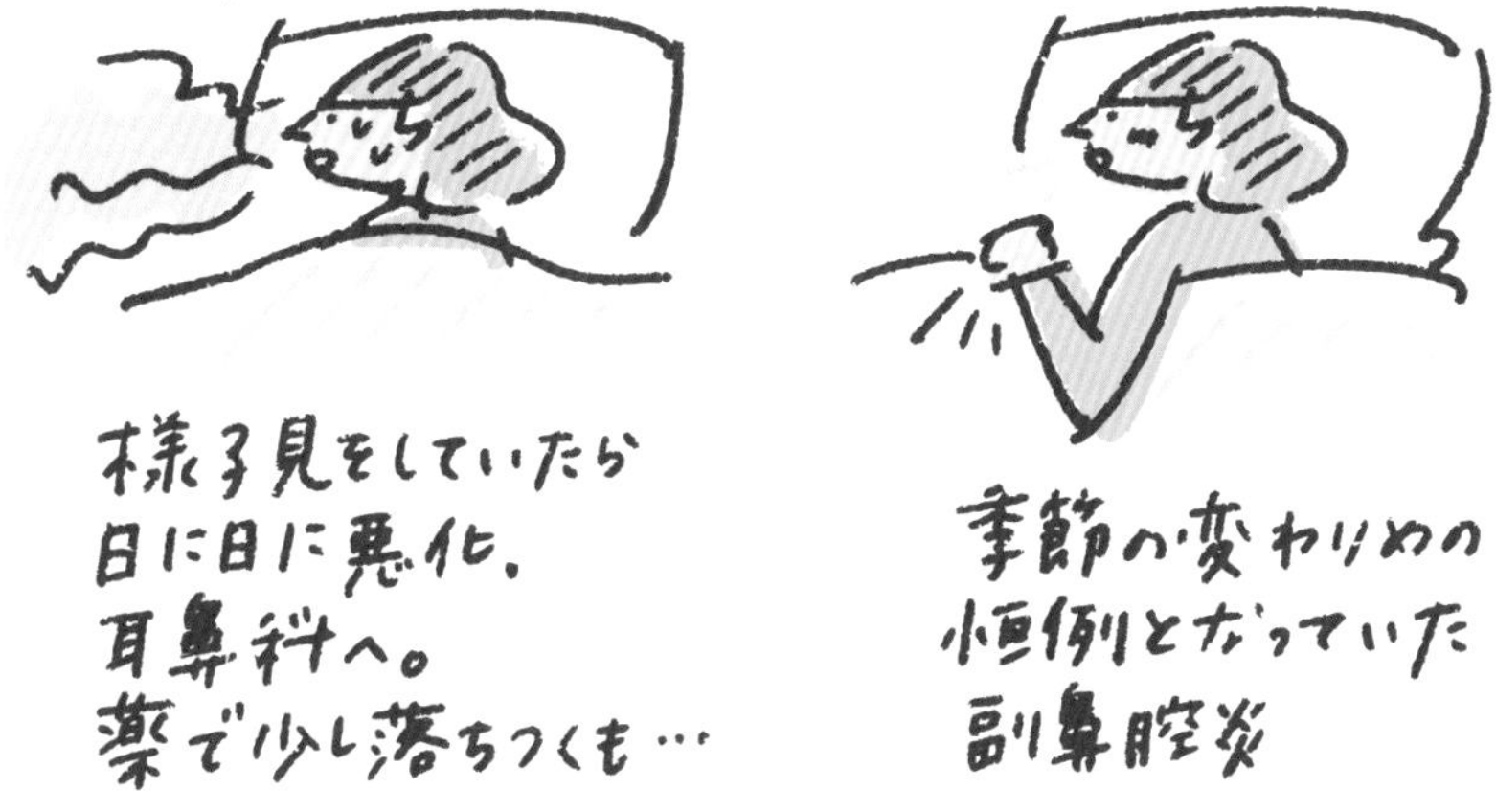

\40代半ば/
〈この経験が"様子見"の転機に〉
ハーハー
フーフー…
様子見をしていたら
日に日に悪化。
耳鼻科へ。
薬で少し落ちつくも…
季節の変わりめの
恒例となっていた
副鼻腔炎

るそうです。私も長時間のデスクワークで、その影響はかなり感じています。

40代で習いはじめた空手も、動作は上達しているはずですが、体を痛める頻度が少し増してきました。準備運動と整理体操は大真面目にやって、帰宅後に追加のケアも欠かせません。

また、痛みの予兆には早めに対処することにしています。もっと早く診てもらっていたら、時間もお金もこんなに浪費することはなかったのに、という後悔を何度か繰り返して、ようやくそれが身につきました。様子を見るのも時には大切ですが、見すぎないことにしています。

普段なんでもないときから、メンテナンス方法をいくつか持って、不調を感じたらこれ、これがダメならあれと早めに対処する。自分の取り扱いはかなり上達してきました。

2週間寝込んだら
ハァ〜…
ずっと!
同じ体勢がたたって
坐骨神経痛を
発症! 痛すぎて
何日も寝られず
痛みから解放されたくて
鍼治療をはしご
自由診療につき
Total 5万円也!
教訓
様子は見すぎない!
日頃からセルフケアを

長年の習慣「お灸」と「アロマ」を手放しました

体もお財布も痛い思いをして、セルフケアの習慣が身につきました。

ひとつはせんねん灸。一時期お灸は毎晩の日課でした。もうひとつのアロマは、精油を使ったマッサージやディフューズが、痛みや疲れに効き目抜群で、お守りのような存在でした。

そのお灸もアロマも、猫との暮らしをはじめてからほぼ全部手放すことに。

アロマは、精油の成分を腎臓で分解できない猫にとって、ごく一部の精油以外は毒となってしまうそうです。「エビデンスはないから大丈夫」という話も耳にしますが、多少でも安全と

〈無香生活へ〉
お香
アロマハンドソープ
アロマキャンドル
柔軟剤
入浴中、後は換気をしっかり
ボディソープだけ香りはOKに
猫にNGなもの手放しました

いえないのであれば避けたいと思います。

お灸のもぐさはヨモギが原料で、猫の体に毒はないといいますが、あるとき、お灸をしていると猫たちの様子がいつもと違いました。ソワソワと歩き回り、目もしばしば……窓を開けて換気扇も回していましたが、臭覚が敏感な猫にとっては異常事態だったのかもしれません。

ドアを閉めて使う？　お風呂場で換気扇を回して使う？　続けられる方法を考えてみましたが、リラックスしたいのにこれではなんだか落ちつきません。お灸のよさを実感していたので残念ですが、これも潔くあきらめることに。

体に合い（よい結果が出る）、心地よく続けられるものが自分を助けてくれます。これが私のセルフケアの理想ですが、お灸とアロマの二本柱がなくなり、ちょっと心許ない状態に。

なかでも精油はなににも代えがたい
リラクセーションでしたが…
今は無理なく取り入れてます
手作りアロマ
虫よけスプレーは外に出てから
旅先のホテルでリッチな精油入りの入浴剤を使う
ときどきラベンダーをクンクン

ルーティン化できたヨガと頼りの整体

アロマやお灸に代わって、徐々に定着したのがヨガです。

呼吸と体の伸縮の連動で、深くやさしくケアできるヨガを味方にできたら最高なのに……と切望して、あちこちの教室に入会してはいつも長続きしませんでした。

コロナ禍がよいきっかけになりました。外出もままならず、発散できる空手道場も閉鎖に。

あるときお風呂上がりにYouTubeを観てヨガをしてみることにしました。疲れが限界でより深く体感できたのか、体がほぐれ、痛みがスーッ

YouTubeのヨガチャンネル
「B-life」にお世話になってます

と抜けていくことに感動しました。

今では毎晩のルーティーンに。翌日の体調が明らかに違うので、やらずにいられません。

1日に長くて10~15分。自律神経をととのえる、疲労回復など、そのときに体が求めるものを初心者向けのプログラムから選んでいるのも続けられる理由かもしれません。長く感じていた10分の動画が、最近はあっという間に終わる感覚も芽生えてきました。

セルフケアで解消されない疲れや痛みは、できるだけ慢性化させないように早めにプロの手を借ります。空手の先生に紹介していただいた渋谷の整骨院が頼りで、股関節を痛めたのを機に、月に一度の頻度で通っています。ここに行けば必ずととのう、という安心感があります。

ヨガと整体、今はこのバランスがベストです。

気力がない日は、5分で完了のプログラムを。
これだけでも、疲れの残り方が違う

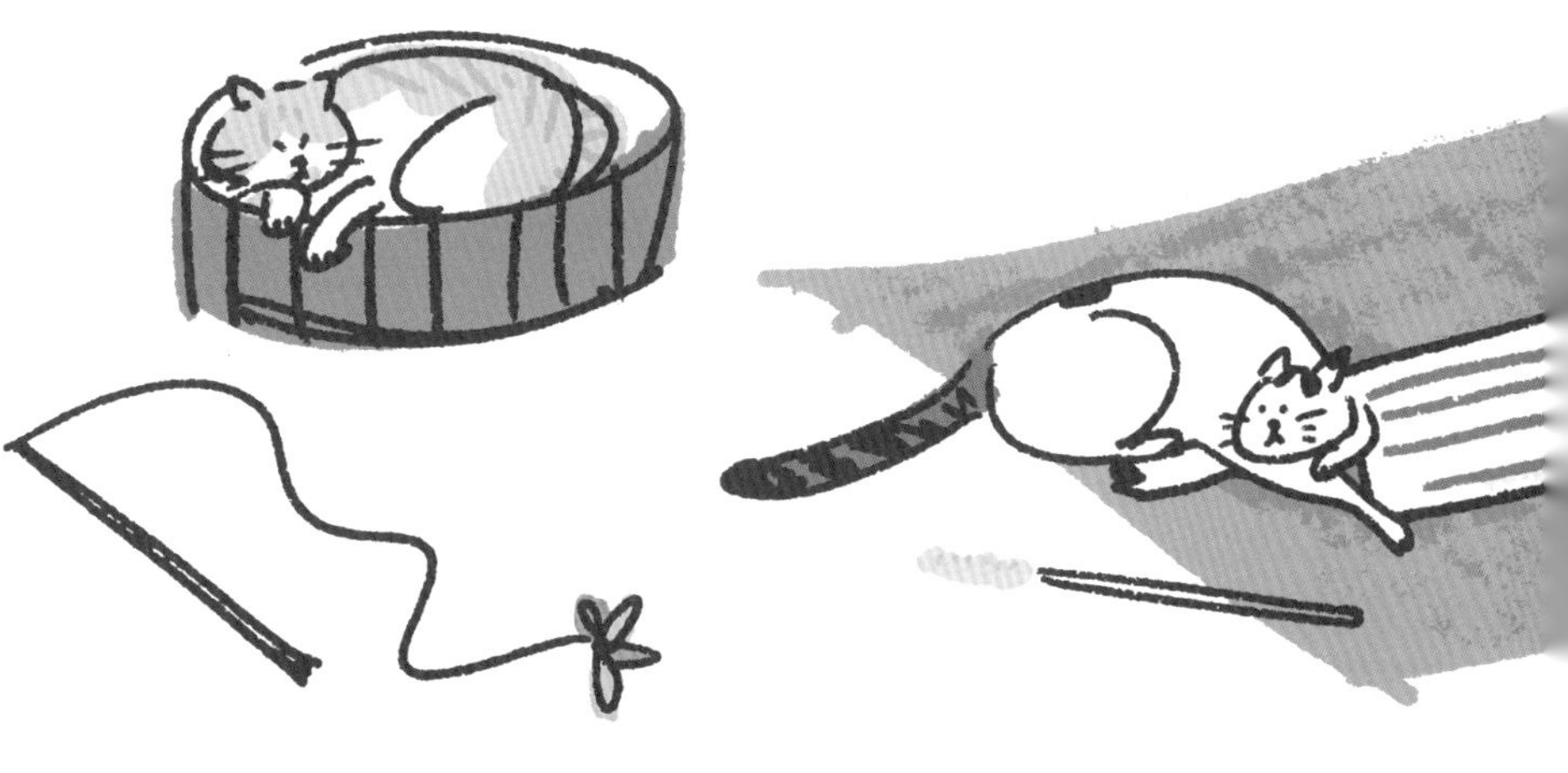

更年期外来で今より少し元気になる

一般的に、女性の場合は閉経前後の10年間が更年期にあたります。この時期、卵巣ホルモンであるエストロゲンの分泌量が急激に減ってくることで、心身に症状が現れ、病気のリスクも上がるといわれています。私の場合は現在進行形で、いちばん顕著なのはホットフラッシュ。急に暑くなったり寒くなったり、そのたびに服を脱いだり着たり……これがじわじわとストレスに。友人の中には、夜中に悪寒で目が覚め、汗だくで一晩に何度も着替えるため常に寝不足という人もいます。それに比べたら軽いほうかもしれませんが、冷えや倦怠感など、更年期らしい不定愁訴がいろいろです。

これまで、漢方を取り入れてなだめながら過ごしてきましたが、少しずつ仕事の捗りにも支障を感じるように。

もう少し元気になりたくて、この1年の間に更年期外来を二度受診しました。今の状態を客観的に知りたかったこと、気になっていたHRT（女性ホルモン補充療法）や、ほかに取り入れられることがあれば相談をしたいと思いました。

一度目の受診は総合病院の更年期外来です。問診からはじまり、血中のE2（エストラジオール）とFSH（卵胞刺激ホルモン）、2種類のホルモンの数値を調べる「女性ホルモン検査」を受けました。具体的な数字は割愛しますが、検査の結果は「E2は限りなく低く、FSHが上がっている」という更年期の典型的なものでした。

年齢的に、今後はホルモンの分泌量も減っていく一方なので、ＨＲＴを試してもいいと思うけれどマストではないという先生の診断に、このときは自分の不調が治療に値するのか、それほどのことではないのか迷い、治療に進むことを選べませんでした。

それから半年後、やっぱり体調が思わしくなく、セカンドオピニオンのつもりで別のクリニックを受診。治療を受けるためには、事前に子宮がん検診が必要なため、女性医師のいるクリニックを選びました。

問診で、いちばん体調がつらかった時期を聞かれました。40代後半であったことを伝えると、しばし問診票と私を交互に見て、先生がこうおっしゃいました。

「どうにもならないほどつらいと、楽になりたくて（病院に）来ずにはいられなかったという方が多くて。もしかすると柿崎さんは、これまで不調とうまく折り合いをつけてこられたのではないですか？」

〝つらさ〟の受け取り方は、人によります。でも、たしかに日常生活に支障が出るほどであれば、もっと早くすがるように受診をしていたかもしれません。

また、もし治療をはじめたら、約３か月おきに定期検診が必要になります。最初の検査では、一瞬、定期検診の手間と今のつらさを天秤にかけてしまいました。結局踏みとどまったということは、そこまではなかったのかも……と今は思います。

「不調とうまく折り合いをつける」、これがスルリと腑に落ちて、先生のおっしゃるように、生活習慣を工夫しながら進んでみることにしました。

受診後は「もっと元気にならなければ」と、頑張ろうとしていたことにも気づきました。できるうちは仕事をして休んでいる時間はない、という気持ちの一方、体は衰えを感じているのです。噛みあわない焦り、これではいつか体調を崩してしまいそうです。そこそこの体調でやってこられたこと、大きな病気もなく過ごせてきたことは、それだけでも上出来でありがたいこと。工夫やケアに血眼になるのではなく、今の自分をよしとする。そこに目を向けることができました。

「もっと元気に」という気持ちも持ちつつ、大きな体調の変化がなければ、現状維持をめざすのが心身にもやさしい気がします。

つい最近、友人（40代半ば）がHRTをはじめました。ここ半年ほど元気がなく、好きな仕事にも意欲が持てず落ち込んでいました。それがHRTをはじめた途端、劇的に元気に！　そんな姿を見て、件の女性医師が「40代後半のつらかったときがそのタイミングだったのかも」とおっしゃっていたことを思い出しました。私がそうだったように、更年期外来となるとなぜかためらいがちです。でも、今までとちょっと違うつらさを感じたら、無理をせず気軽に受診してみるのもひとつかもしれません。

〈気軽にたたこう更年期外来の扉〉

私が40代で不調を感じたときは、更年期と結びつけて対処できませんでした。でも

こんな話を聞いたよー
昨年からHRTをはじめて今、めっちゃ元気ですよー
ライターさん 45歳
※HRT↓女性ホルモン補充療法
そうなんだ…！
友人 46歳
Peace
同じ苦しさを抱えているだれかに届け
HRT、はじめたよー！
元気！ありがとう！
足首の痛みもなくなった！

＼HRTは／
持病の有無や体調によって受けられないこともあります。
副作用やリスクなど、気になることも
気軽に相談してみるとよいと思います！

知るだけでちょっと役立つ。自分のエクオール値

二度の更年期外来を受診後、最後にもうひとあがき。気になっていた「エクオール検査」（ソイチェック）を受けてみることにしました。「エクオール」は、大豆に含まれる大豆イソフラボンから腸内細菌によって作られる成分のこと。女性ホルモンのエストロゲンとよく似た働きをするため、エクオールが少ないほど更年期症状が重くなりやすいといわれています。

　腸内でエクオールがどれだけ作られているかを調べるのがエクオール検査で、日本人の半数が作れていないという統計もあるそうです。

　検査は簡単でした。ネットで検査キット（4千

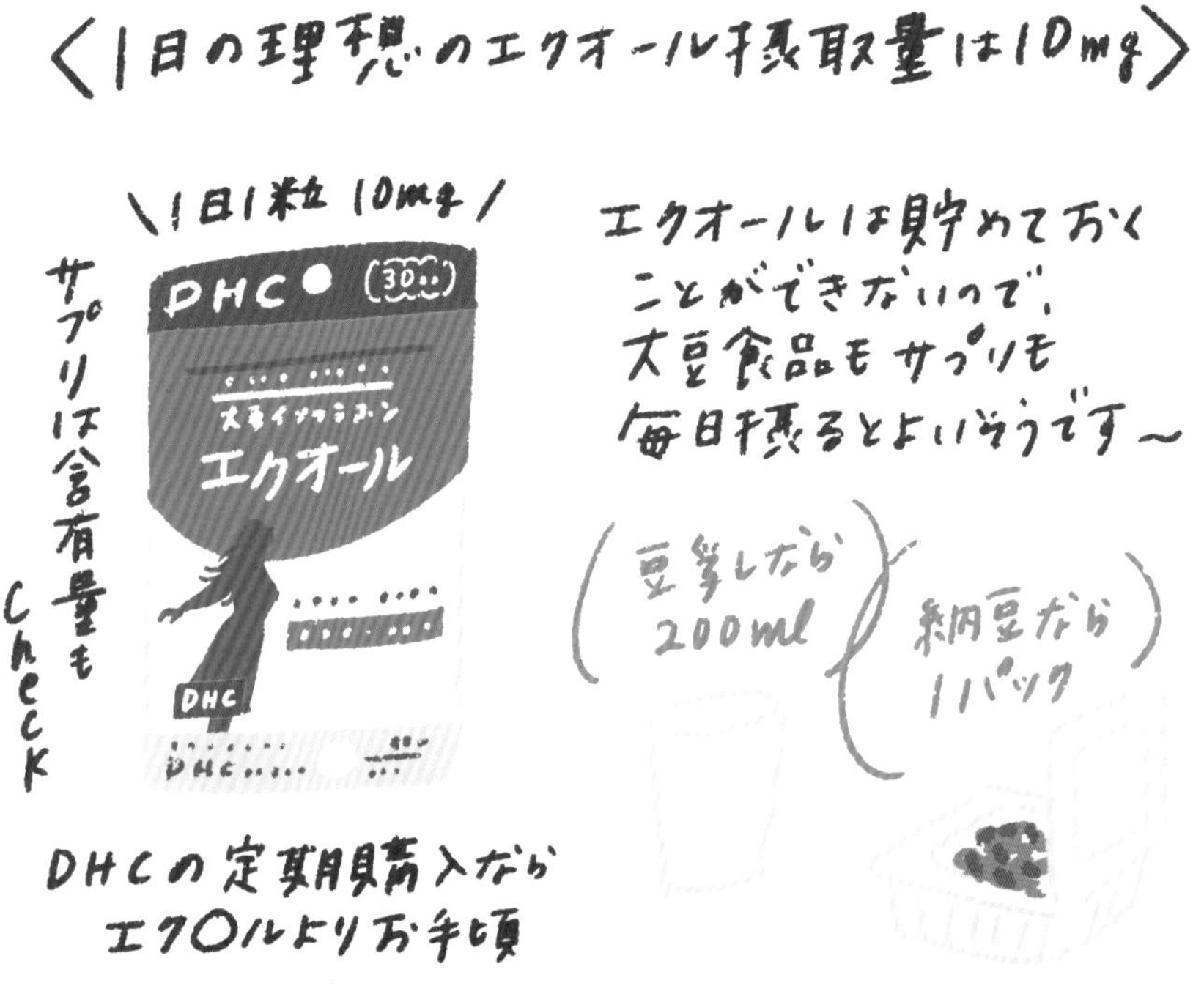

〈1日の理想のエクオール摂取量は10mg〉
＼1日1粒 10mg／
DHC
30日
大豆イソフラボン
エクオール
サプリは含有量もcheck
DHCの定期購入ならエクオールよりお手頃
エクオールは貯めておくことができないので、大豆食品もサプリも毎日摂るとよいそうです〜
豆乳なら200ml
納豆なら1パック

円前後）を購入し尿を返送すると、後日ウェブサイトに検査結果が届くという流れです。

エクオール値の判定は5段階。レベル1、2はエクオールが作られていない。レベル3は作られている。理想はレベル4、5で、十分に作ることができて足りている、という基準。私はレベル5と、全体の4％しかいない希少なゾーンに入り、ちょっとうれしい結果でした。

大豆が好きで、ごはんに黒大豆を混ぜて炊くなどして毎日摂っています。また、若い頃の節約自炊生活の救世主、豆腐や納豆は今も欠かせません。その恩恵も多少はありそう。

検査後は、より意識して大豆を摂るようになり体調もまずまず。大豆の摂取頻度や腸内環境で、レベルは上下どちらにも変化することがあるそう。いずれも積極的に摂りたい食材です。

〈積極的大豆生活のメインは納豆！〉

女性ホルモンのバランスをととのえてくれる
↓
リグナンリッチ
有機亜麻仁一番搾り〈紅花食品〉
亜麻仁一番搾り
＼納豆にひと垂らし／
国産大豆ひきわりを常時6パックストック
ただの好み
※リグナンはポリフェノールの一種

早いに越したことはない骨密度検査

ここ数年ずっと気になっていた骨密度検査を、ようやく受けました。以前、10歳ほど年上の知人女性が「50歳を超えたら、早めに骨密度を把握しておくといい」とおっしゃっていたことが、ずっと頭の隅に残っていたのです。その方自身は、気づいたときには骨粗しょう症が進んでいて、薬に頼る以外、選択肢がなかったことをとても悔やまれていました。

骨密度（カルシウム量）が20代でほぼ決まることも、診断基準も、検査を受けて初めて知ることばかりでした。まず若年成人（22～44歳）の平均骨密度を100％とします。それに対して骨密度が80％以上の量であれば〝正常〟。70～80％で〝骨量減少〟、70％未満は〝骨粗しょう症〟と判定されます（70％を下回ると薬の服用を検討）。私の検査結果は80％。骨量減少の入り口にあたる数値です。もうひとつの基準となる同年齢の平均値との比較では86％。

これまで骨折をしたこともなく、運動の習慣もあるので、骨の心配はあまりしてきませんでしたが、それほど安心できる数値ではない結果に少しがっかり。でも、早めにわかってよかった！　骨を大切にしたい気持ちも芽生えました。よい時期にアドバイスをいただいたことを、とてもありがたく思います。

私が受けた検査方法は、腕の骨で測定する簡易的なものですが、次回は、健康寿命により影響する、腰の骨と大腿骨の骨密度検査を受けるつもりです。

骨密度検査の結果を受けて、食事や日常の中でコツコツ骨密度アップに努めていますが、自分の骨密度を把握したら、いろいろと気になることが増えてきました。中でも驚いたのは、目の周りの骨のこと。年齢が進むと、若いときに比べて顔の脂肪がスッキリするように、目元も少し落ち窪む感じが出てきます。この窪みにも骨密度が影響しているというのです。

骨内には、古い骨を吸収する（壊す）破骨細胞と、新しい骨を作る骨芽細胞があります。若いうちは、このふたつがバランスを保っているのですが、加齢で代謝が崩れると、壊すほうが優勢になるそう。ドクロマークで例えると、黒くポッカリ開いた目と鼻周りの空洞、ここの骨がもっとも早く壊れやすい箇所。広がった空洞にはシワやたるみができやすく、さらに老け見えが加速するというのです。

若い頃、一重とも二重ともつかない私のまぶたは腫れぼったく見えて、それがコンプレックスでもありました。大人になって現れた目元の窪みを、アンニュイな翳りがちょっと悪くないかも……とポジティブに受け止めていましたが、それがまさかの骨密度減少の注意信号だったとは。これ以上窪みが深くなるのは阻止したく、骨密度アップに燃えるこの頃。目周りにも忍び寄る、骨粗しょう症に恐怖したお話でした。

50歳前後を境に減る一方。骨のためにできること

骨密度検査を受けたその日、「骨粗しょう症の方のためのやさしい食卓」というイラストの表紙がかわいいパンフレットを手渡されました。予想していたよりも微妙な検査結果に、帰りの電車ではパンフレットを熟読。

骨といえばまずカルシウムが浮かびますが、カルシウムの吸収を高めるビタミンD、定着させるビタミンKも大切であると書かれています。

さまざまある栄養素の中でも、特にビタミンDは日本人の9割が不足しているという統計もあるとか。食事を中心に、サプリメントや日光をフル活用して骨活に励む現在です。

＼カルシウム、ビタミンD、ビタミンK 増量／
〈いつものごはんでできる骨活〉
魚料理は
缶詰もおおいに頼る
ゆでて刻んだ
小松菜を納豆に
プラス
いつものごはんに
桜エビをパラリ
ぬか漬け にんじん
きゅうり
きのこ類
（冷凍でストック）
高野豆腐

＼日本人の9割が不足／

〈もっとビタミンDを〉

ビタミンDは
手の平でも
作れるそう
ずっと紫外線から
逃げるようにしてきたけれど
今は自ら浴びに
顔、首は日焼け止めを
ROCK
＼手の平
日光浴／
オルビス
リンクルブライト
プロテクター
SPF50
PA++++
NOW
／サプリも活用＼
摂りすぎに
気をつけて
NOW Foods
Vitamin D-3 10,000IU

更年期ケアの歩き方案内

更年期の不調は、その程度から対処するもしないも人それぞれ。私自身は「この不調を少しでもなんとかしたい」と思ったのですが、はじめはどんな方法があるのかもわからず、立ち尽くしてしまう感じでした。

ここに書き出した限りではありませんが、私が実際に探ってみた更年期ケアのバリエーションと方向性をまとめてみました。

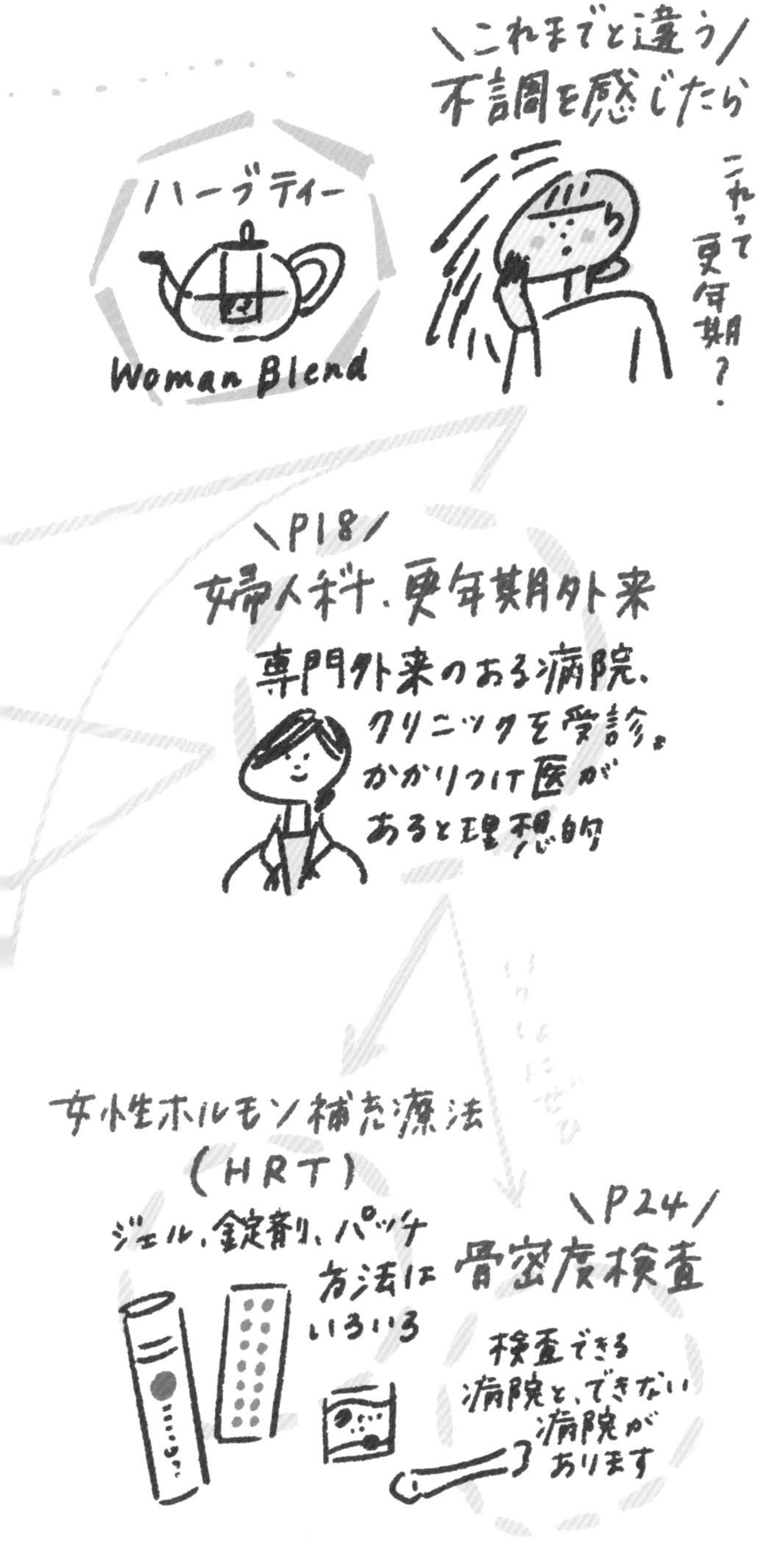
これまでと違う
不調を感じたら
これって更年期？
ハーブティー
Woman Blend
P18
婦人科、更年期外来
専門外来のある病院、クリニックを受診。かかりつけ医があると理想的
女性ホルモン補充療法（HRT）
ジェル、錠剤、パッチ
方法はいろいろ
P24
骨密度検査
検査できる病院と、できない病院があります

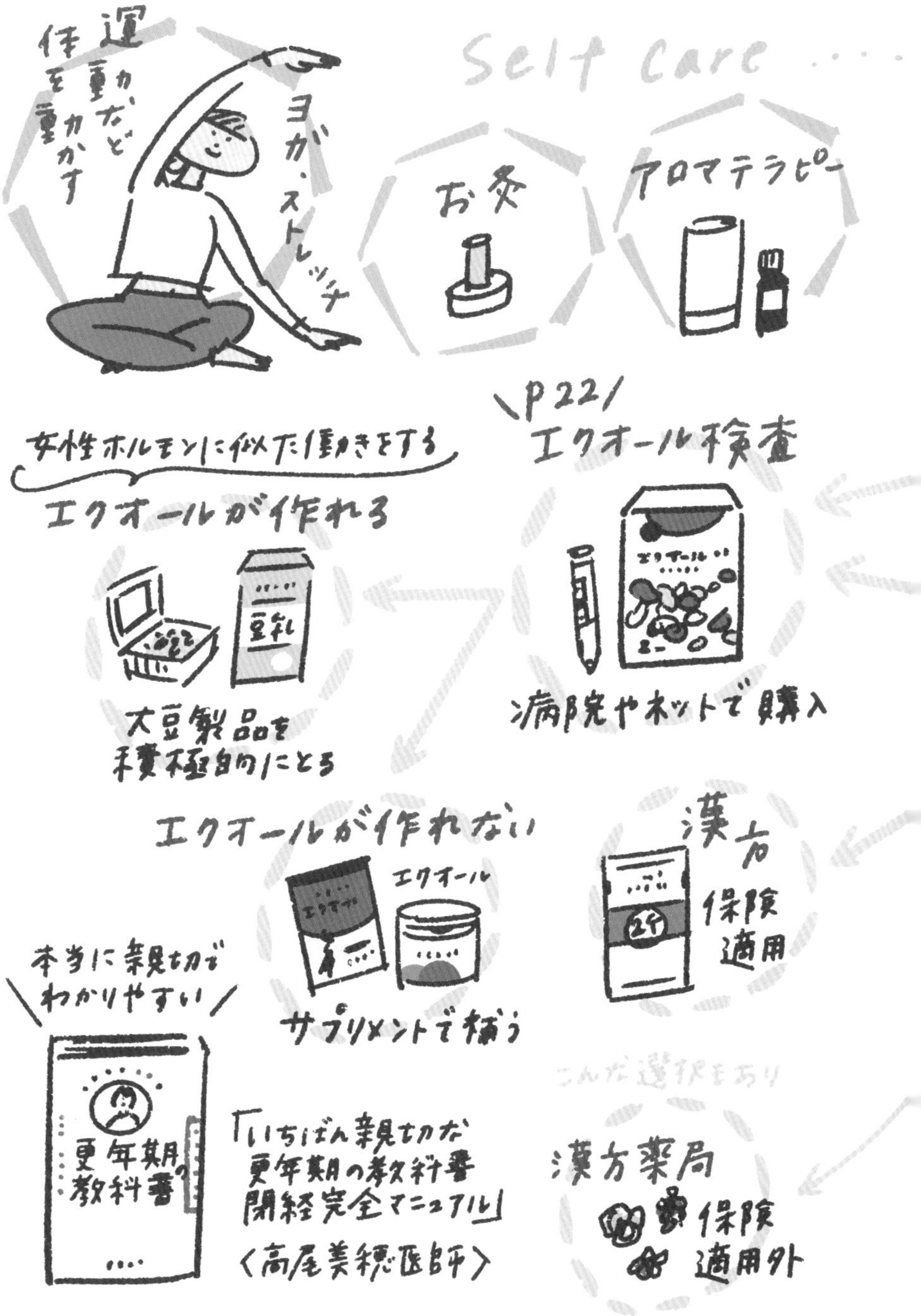
Self care ....
運動など
体を動かす
ヨガ、ストレッチ
お灸
アロマテラピー
\P22/
エクオール検査
女性ホルモンに似た働きをする
エクオールが作れる
豆乳
大豆製品を
積極的にとる
病院やネットで購入
エクオールが作れない
エクオール
サプリメントで補う
漢方
保険
適用
本当に親切で
わかりやすい
更年期の
教科書
「いちばん親切な
更年期の教科書
閉経完全マニュアル」
〈高尾美穂医師〉
こんな選択もあり
漢方薬局
保険
適用外

女性も無縁じゃない。プレ加齢臭対策はじめました

若い頃から気をつけてきたのは、緊張したときの脇の臭い。運動の汗はなんでもないのに、緊張の脇汗は自分でもムムッ？　と気になるときがあります。俗にいうストレス臭ですが、ずっと頼りにしてきたのはロールオン状の制汗剤「リフレア」（ロート製薬）。緊張する場面がありそうな日に、ひと塗りしておくと安心して過ごせます。

いよいよ気になってきたのは加齢臭です。女性も加齢から女性ホルモンが減り、男性ホルモンが優位になると皮脂量が増え、それが酸化して加齢臭の元になるといいます。全身の水分が減る更年期にはより臭いやすくなるため、皮脂腺が多い背中や胸の体幹部、耳の裏や頭皮を清潔に保つことが大事なようです。最近、汗の粘度が増しているような気がします。これこそ水分が減っている証。ちょっと心配です。

ボディソープを〝加齢臭対策〟で探すと、ネーミングもパッケージもときめくものがなくて紆余曲折しました。いくつか試したものは、マスキング用に配合された香りがやや人工的で、洗浄力が高いせいか、心なしか肌もカサつくような感じがしました。

そこで、〝加齢臭〟にとらわれず、心から「いい香り」と感じるものを使うことに。そのほうが心にもいいし、気分が上がればホルモンバランスにもよさそうです。

体臭は、自分で判断することも難しく、親しい仲でも伝えにくいデリケートなこと。自ら先回りしてできるだけ清潔にすることを心がけたいと思います。

\シャンプー、洗顔、体…/

〈ニオイの元になるデッドゾーン〉

洗うときに意識して
手を伸ばさないと
抜け落ちやすいのが
ココ！

耳たぶのうらの
へこんでいるあたり

皮脂腺が多いので
洗い忘れ、すすぎ残しが
加齢臭の元にも

Body Soap

ダマスカンローズボディクレンザー
〈Aēsop〉

\Aēsopのバラは/
バラが咲く道を
通りがかったとき
一瞬感じるような…
ほのかなバラ具合。

ラグジュアリーすぎない
ところがいいです

臭わない足のつくり方。角質を攻略する

話すのは勇気がいりますが、足の臭いにハッとした件をひとつ。自宅でヨガを行っていたときのことです。合蹠《がっせき》前屈という、足の裏同士を合わせて前屈するポーズを行っていると、自分の足からこもった臭いがぷ〜んと漂ってきました。ポーズをとったまま足を観察してみると、白いカサカサ、厚い角質、甘皮……といらないものがいろいろ。臭いの元は、おそらくこれらに留まっている老廃物とみました。

ときどきの踵ケア以外は特にせず、お風呂に入ったときに体と同じように洗うだけ。それで十分だと思っていましたが、十分ではなかったよう。すっかりヨガどころではなくなり、お風呂へ駆け込んで、思いつくままにケアをしました。

まず、古い角質を絡め取るフェイス用のピーリングジェルを使います。足は濡らさず、乾いた状態の踵にピーリングジェルを塗りクルクルクル……絡め取られた角質が塊となってポロポロ出てきます。そのまま足の裏全体、足の甲、指の股、爪周りとジェルをのばし角質を絡め取ります。驚くほど白いポロポロが出続けて、爪周りの甘皮もすっかりきれいに。ポロポロを洗い流したら、ボディソープでやさしく手洗いします。タオルで水気を拭き取ったあとはオロナイン軟膏を塗り込み、すぐに靴下を履いて完了。臭いは消え去り、足も心もスッキリ軽やか。

一度で効果抜群なこのケアは月に一、二度、足の状態を見て行っています。

〈ニオイの元を断つケア〉

本文中の合蹠《がっせき》前屈は
こんなポーズ
YOGA
指の股は
死角でした
結構角質が
たまってます
こすりすぎ注意
タオル
オロナイン軟膏
多少のカサカサなら
一回でリカバリーも
DHC
モイストリッチ
クリアピーリングジェル
オロナイン後の
くつ下は、ふだん用
くつ下のおさがり

「口臭はある」が大前提。臭いの元をゼロにする方法

誰もが気になるデリケートな問題、口臭について。

より意識するようになったのは、マスク生活の経験が大きかったと思います。息がマスクにこもることで、自分の口臭を自覚することが増えました。よって、気をつけるようになったのはいいことですが、丁寧に歯磨きをして、フロスやマウスウォッシュを使っても、もわんとした臭いが気になることが結構あります。

口臭には、舌苔のケアも欠かせませんが、ほかにも効果的だったのは歯垢染色液。いつも通り、歯間の汚れを取ってから歯磨きをしたあとに、鏡を見ながら染色液を歯の全体に塗ります。歯垢（細菌の塊）が赤く染め出された、歯や歯茎の境目を一本一本磨いていきます。赤色がなくなったらよくすすいで完了。直後はもちろんスッキリさわやか！　そして翌日のマスク内も無臭、臭いません。

歯ブラシや歯磨き粉選びも迷うところですが、それ以上に歯垢を残さないことも大事なのかも。視覚的に磨き残しを確認できて、磨き残しの癖をチェックできるのもよい点です。染色液を毎日使うのは大変なので、私は週1回くらいを目安にしています。「今日は絶対に臭いたくない！」という大事な日にもおすすめです。

この方法は、磨き残しが口臭の原因になっている場合に有効で、加齢によるドライマウスや歯周病が原因の場合は、別の対応が必要です。

〈マスクでセルフチェック〉

ハ〜…
オッケ！
マスク生活から解放されてなによりですが
ときどきマスクをつけてチェックします

歯間ケアとはみがき後全体に塗ります
プロスペック
歯垢染色液
〈GL〉
PROSPEC
小さいボトルを常備
5ml
赤く染め出された部分をもう一度はみがきする

オーラルケアとアイテムは更新し続ける

今の住まいに越してきて、初めてかかりつけの歯医者ができました。遅まきながら定期検診の習慣ができて、ホッとしています。

年々気になってきたのは、歯だけでなく全身の健康にも影響を及ぼすという歯周病。ここ1年で、フロスに加えて歯間ブラシも使うようになりましたが、定期検診の際、歯間ブラシのサイズ選びや使い方が正しくないことがわかりました。しっかり歯垢を取るには、歯間の隙間にブラシを入れて前後に動かしたときにスカスカせず、かつ、きつすぎないサイズであることが大切だそうです。

ケアの順番も変わりました。あるタレントさんの著書に「歯磨き粉の有効成分が歯茎の隅々まで行き渡るように、はじめに歯間の汚れを取っておく」と書いてあるのを拝見したことがきっかけで、それまでの歯磨きが先で次に歯間ケアという順が今は逆に。

電動歯ブラシで丁寧に磨いても、その後歯間の手入れをすると、結構歯垢が残っていることがあります。たしかに、最初に歯間をきれいにしたほうが効率もよさそう。

歯磨き粉やマウスウォッシュなど、直接口の中に入れるものは成分も気になります。ネットで成分名と一緒に〝安全性〟などのワードを入れて検索。複数の情報を見て、できるだけ安全な成分で作られているものを選んでいます。

ただ、ずっとモヤモヤしていたのはフッ素のことです。虫歯予防に欠かせないといわれ、日本で販売されている多くの歯磨き粉に配合されています。でも、フッ素が脳に影響を及ぼすという情報もあれば、歯磨きに使う程度であれば微量なので問題ないという情報もあり、医師によっても意見が分かれます。

自分なりに調べていく中で、気持ちにフィットする情報を得られたのは「日本フィンランドむし歯予防研究所」のサイトです。

虫歯予防の先進国、フィンランドの保健所には、四つ葉のクローバーの絵のポスターが貼られているそうです。そこには、虫歯予防の４つの要素「歯磨き」「フッ素」「正しい食生活」「定期検診」に加え、「キシリトール」がこれら全体を底上げする支えになると書かれています。また、サイトによると、虫歯で溶け出した歯の表面にはフッ素が、キシリトールには歯の内側から修復する機能があるため、あわせて使うと歯の修復に効果的とのこと。

これを読んで、フッ素を配合したもの、キシリトールを配合したもの、両方使っていくことにしました。いちばん大切ともいえる就寝前の歯磨きにはキシリトールかフッ素入りを、そのほかは起床後や昼食、間食後で使い分けています。

年齢的にも、今後ますます気になる歯の問題ですが、かかりつけ医もでき、考えて選んだアイテムを使い分け、今がいちばん納得したケアができていると思います。

Tooth Paste

口から吸収したものは一瞬で心臓に届くそう。そのため、歯磨き粉は慎重に選びます。特に、ラウリル硫酸ナトリウム（合成界面活性剤の発泡剤）、サッカリン（人工甘味料）が使われた歯磨き粉はできるだけ避けるようにしています。１日に２～３回、それも毎日使うものなので、コスパ面も大事。私の愛用品をご紹介します。

—日本のもの—

＼おやすみ前、間食後／
BIO PASTE
BP
全成分天然由来、キシリトール配合
歯がツルツルに！使いはじめてから
歯垢がつきにくくなったような
＼起床時／
せっけんハミガキ
ひたすらやさしい成分
キシリトール、フッ素なし

バイオペースト 60g

シャボン玉
薬用せっけんハミガキ
歯肉炎歯周炎 80g

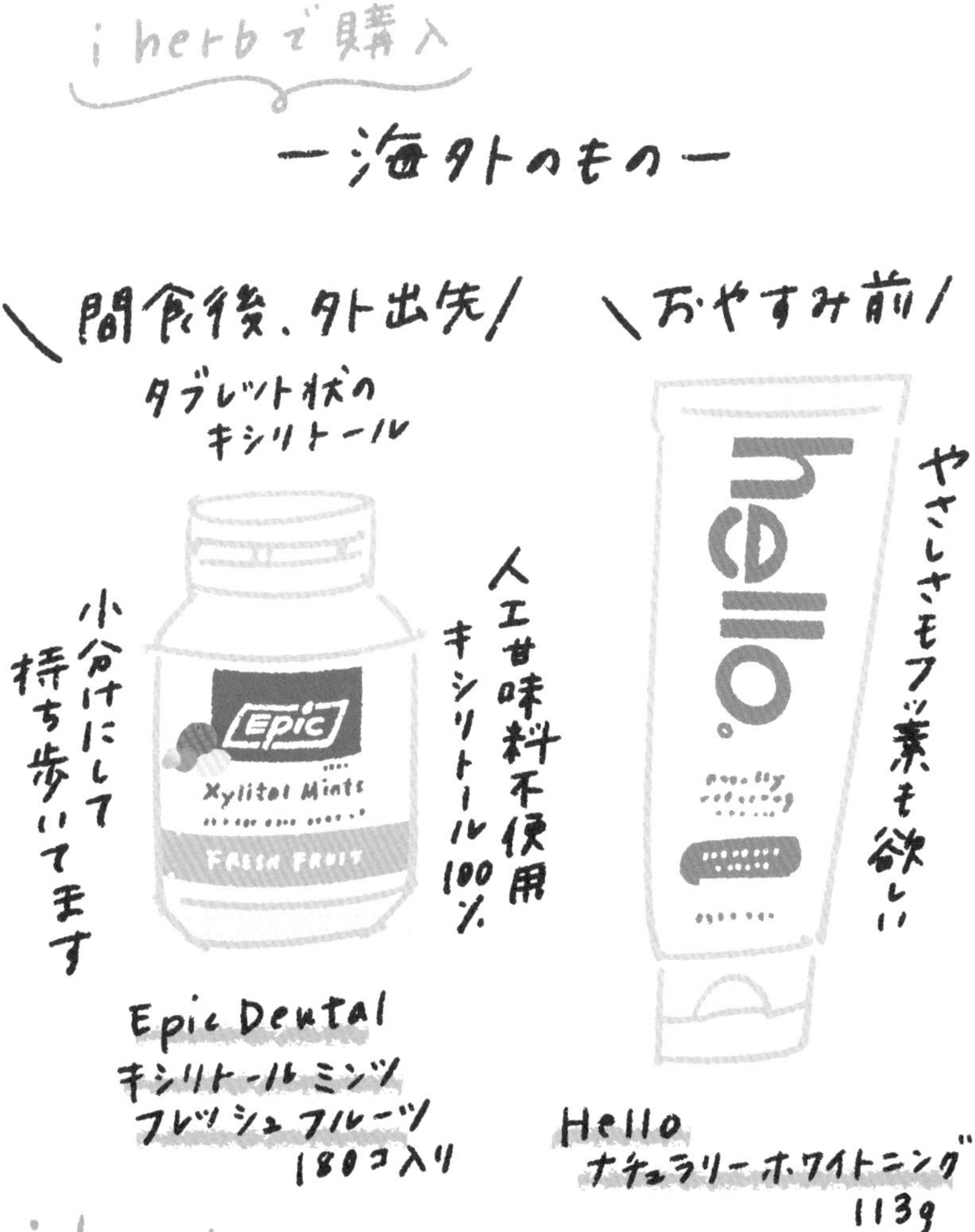
iherbで購入
ー海外のものー
\間食後、外出先/
タブレット状の
キシリトール
小分けにして持ち歩いてます
人工甘味料不使用
キシリトール100%
Epic
Xylitol Mints
FRESH FRUIT
Epic Dental
キシリトールミンツ
フレッシュフルーツ
180コ入り
\おやすみ前/
hello.
やさしさもフッ素も欲しい
Hello
ナチュラリーホワイトニング
113g

iherbのこと

自然由来のオーガニック商品などを扱うアメリカの通販サイト。日本で入手しにくい日用品やコスメ、サプリなどが購入でき、私はオーラルケア用品とサプリを取り寄せています。配送方法は複数。送料は国内の宅配便より安いものもあり、６千円以上の注文は送料無料です。注文から３日で届いたこともあり、国内とあまり変わらない感覚で利用できます。

\歯間/

Interdental Care

自己判断では、いろいろまちがっていた!
歯医者で自分の歯間に合った
ケアを教わりました

前歯
すきまが狭いので
フロスで

384本の糸の束が
ふんわりふくらむ。
歯ぐきへのあたりが
やさしい

フロアフロス
〈オーラルケア〉

奥歯は歯間ブラシ

・右下奥　Sサイズ
・それ以外　SSサイズ

\スカスカでもなく、きつくもない/
すきまに合ったサイズを選ぶ!

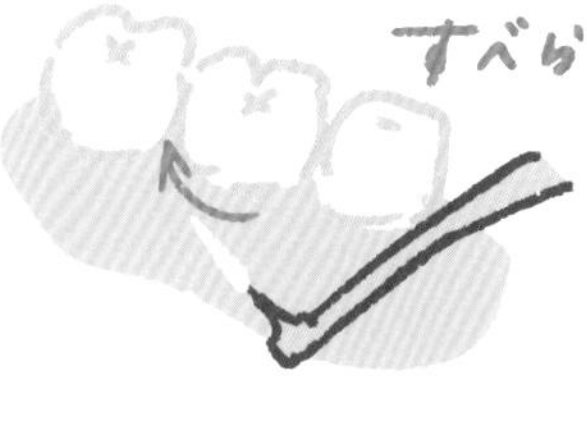

曲線に沿うように
すべらせると
入れやすい

ガム歯間プロケア
歯間ブラシL字型
〈サンスター〉

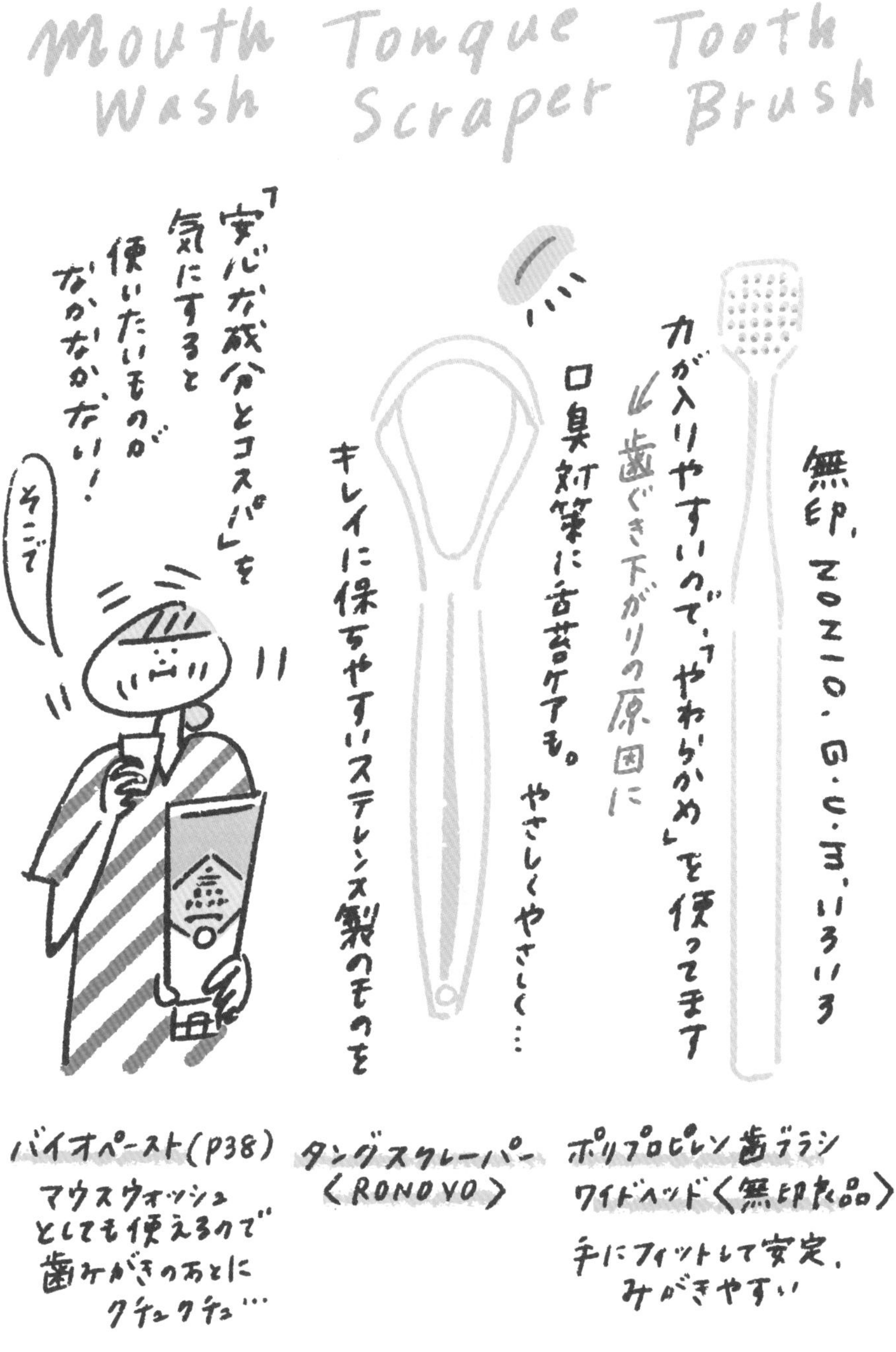
Mouth Wash
Tongue Scraper
Tooth Brush
無印、NONIO、D.C.M、いろいろ
力が入りやすいので、「やわらかめ」を使ってます
⇙歯ぐき下がりの原因に
口臭対策に舌苔ケアも。
やさしくやさしく…
キレイに保ちやすいステンレス製のものを
「安心な成分とコスパ」を気にすると使いたいものがなかなかない！
そこで
バイオペースト（P38）
マウスウォッシュとしても使えるので歯みがきのあとにクチュクチュ…
タングスクレーパー〈RONOVO〉
ポリプロピレン歯ブラシ ワイドヘッド〈無印良品〉
手にフィットして安定、みがきやすい

1日の終わりに湯船を味方にととのえる

シャワーで済ませずに湯船に浸かることは、20代の頃から続けている習慣です。

ダイエット目的ではじめたのがきっかけでした。アルバイトからの帰り道に二駅分歩いたあと、ひとり暮らしの小さなユニットバスの湯船に浸かって、汗を絞り出すことを続けた結果、1年間で10kgくらい痩せました。食事にも気をつけ、運動とお風呂の組み合わせで代謝がよくなったせいか、体重はゆっくり落ちて、その後のリバウンドもありませんでした。今に至るまで体重に大きな増減がないのも、こういった若いときからの習慣が一役買っているのかなと思っています。

年齢を重ねた今は、巡りをよくして心身の疲れを取ること、オン・オフの切り替えに湯船が欠かせません。

ある俳優さんが、ずいぶん昔におっしゃっていたことが記憶に残っています。「くたくたに疲れていると一刻も早く眠りたいけれど、30分長く寝るよりも、30分でもお風呂に入り湯船に浸かったほうが、翌日の体調が違います。睡眠かお風呂、一択であればお風呂を選びます」。俳優さんのように忙しすぎて一択ということは滅多にありませんが、感覚はまさにこんな感じです。

季節を問わず、毎日湯船に浸かりますが、半身浴でじっくり……というほど長風呂ではありません。だいたい体が温まればよしとしています。

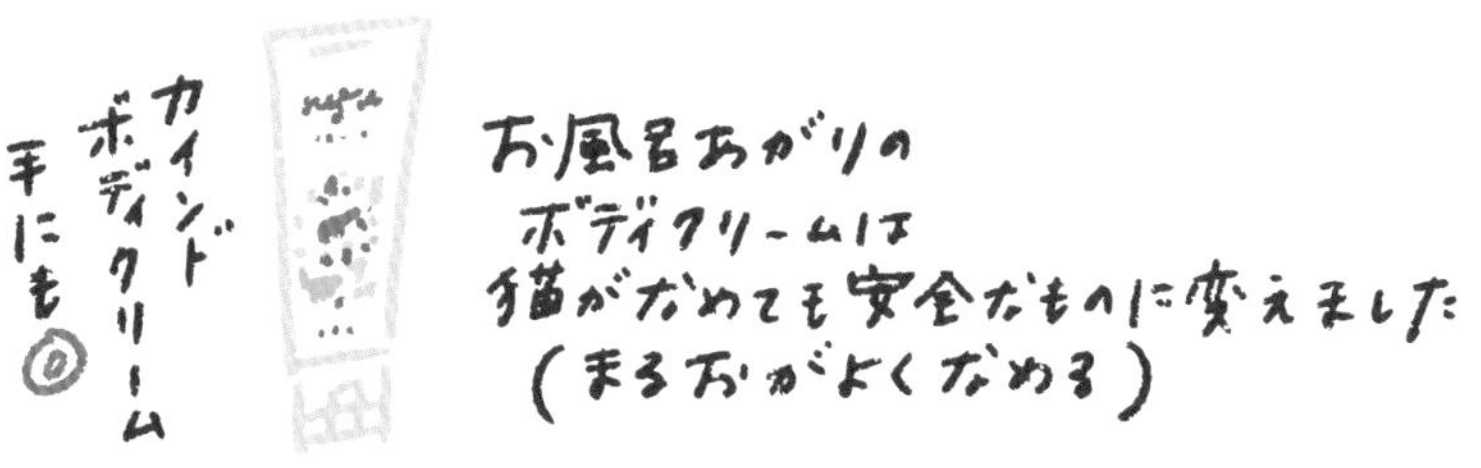
カインド
ボディクリーム
手にも◎
お風呂あがりの
ボディクリームは
猫がなめても安全なものに変えました
（まるおがよくなめる）

湯船での過ごし方は、結構バリエーション豊富です。洗面所の棚にストックした雑誌や本を読むのはいい気分転換。己と向きあいすぎて疲れ気味のときはシンプルに物語として楽しめる小説など、そのときの気分で。考え事や頭の整理をする日もあります。アイデアがひらめいたり、絡まっていた思考がパーンと整ったりすることもお風呂場ではよくあります。一方、何も考えたくない日は、足のマッサージやストレッチを黙々と。それすらできないくらい疲れているときは、ボーッと過ごします。

雑音がなく視界もシンプルで、目で追ったり構いたくなったりする猫たちもいません。お風呂は、リラックスも集中も両方叶う場所なのです。

これはひとり暮らしの特権でもありますが、モヤモヤする出来事があった日は、湯船に浸かりながらひとりごとをつぶやいて発散します。なんであんな言い方をしてしまったんだろう……というときは言い直してみたり、次はこう話そう、とブツブツツ……。想像すると、結構奇妙な光景。でも、少しネガティブな感情が混じったそれらを水に流しておしまい。お風呂からあがる頃にはモヤモヤも解消か軽減、あとに引きずらずに済みます。

お風呂で心身ともまっさらな状態になるので、眠りの質もぐっとよくなります。もちろん翌朝の調子も。私にとって湯船は欠かせないのです。

〈ととのうバスタイム〉

Cleansing
夜の洗顔はこれ
ひとつでメイクOFFも洗顔も
邪気も抜ける～
FLAT SKIN
CLEANSE & WASH
〈SENN〉

ku:nel
SALUS
婦人公論
本には防水のブックカバーを
フリーペーパーや
トリセツも熟読

Shampoo

一本で頭皮ケアまで完了

悩みの頭頂部ぺったんこもふんわり

DHC薬用美髪根トリートメントインシャンプー

Body Towel

絹100%より泡立ちがよく、やさしい肌ざわり…

とうもろこし由来繊維絹のボディタオル〈KEYUCA〉

ブツブツ ブツ…

アトピーにも◎

Bath Salt

体が芯まで温まってお風呂上がりのポカポカが長持ち

エプソムソルト オリジナル〈シークリスタル〉

※硫酸マグネシウムのこと（塩分はゼロ）

★全部リピートアイテムです

Column

まっさらな香り

「柿崎さんって家っぽい臭いがする」

以前、知人の男性にいわれた一言です。その方は自称「柔軟剤の香りフェチ」。笑い話のノリでしたがこれには動揺！　自分で肩のあたりを嗅いでみると……たしかにプラスチックの衣装ケースの臭いも混じったような微妙な感じです。その日、衣装ケースから久しぶりに取り出したＴシャツを着ていたことも原因かも。この一件以来、〝久しぶりに着る服は一度洗濯する〟のが決まりごとに。

その後しばらくはその方おすすめの柔軟剤を使っていましたが、臭覚が敏感な猫と暮らすようになってからは、柔軟剤を使うのをやめて、せっけんが主成分の無香タイプの洗濯洗剤に変わりました。頻繁に使うものなので、値段が高すぎず、近所のドラッグストアやamazonなどでサッと買えること、また、肌や猫、環境にやさしくて洗浄力もしっかりあることを条件に選びました。せっけん洗剤の特徴でもありますが、すすぎが２回必要で１回の使用量が多めなのは目をつぶって、トータルでいい選択と思っています。

無香ではありますが〝まっさらな香り〟の心地よさが気に入っています。

＼発見／
"まっさらな香り"という心地いい香り
大容量タイプを
無印良品の
ボトルにつめ替えて
arau.
baby
無添加
せっけん洗剤の
洗たく槽そうじ
・せっけんカス
・雑菌・カビ
菌の好物
↓ときどき
クエン酸スプレー
↓
酸素系漂白剤
↓

洗たく槽
クリーナー
シャボン玉石けん
洗たく槽クリーナー

アラウ．ベビー
洗たくせっけん無香タイプ＜サラヤ＞

「アラウ.」と「アラウ．ベビー」は
アロエエキスが添加されているか否かの違い。
ベビー用は無香と天然ハーブの２種類あります。

「快眠」プラス「防災」のために進化した寝室

わが家でいちばんものが少なくシンプルな寝室。引っ越しから4年経って、風景は変わりませんが意識が変わりました。防災の意識です。以前から、地震で床に物が散乱した場合を想像すると猫たちのことが心配でした。震度4の揺れがきたときの猫たちの慌てぶりを思い出すと……いざというときの答えがないままでしたが、それも解決！　現在の、安眠と安全を兼ね備えた寝室がこちらです。

ベッドサイドの小抽斗《こひきだし》
1段目〈P62〉
耳栓
アイマスク
〈Mavogel〉
amazonで
肌ざわりもよい
インターホンなど大事な音は聞こえて
雑音はシャットアウト
リネン類はall麻
〈無印良品〉と
〈スリープテイラー〉の
Linoシリーズを
ベッドマット
magniflex
高反発フォームマットレス
「マニフレックス」も8年目。
へたれることなくずっと快適。
買って良かったもの歴代ベスト10に
入ります。

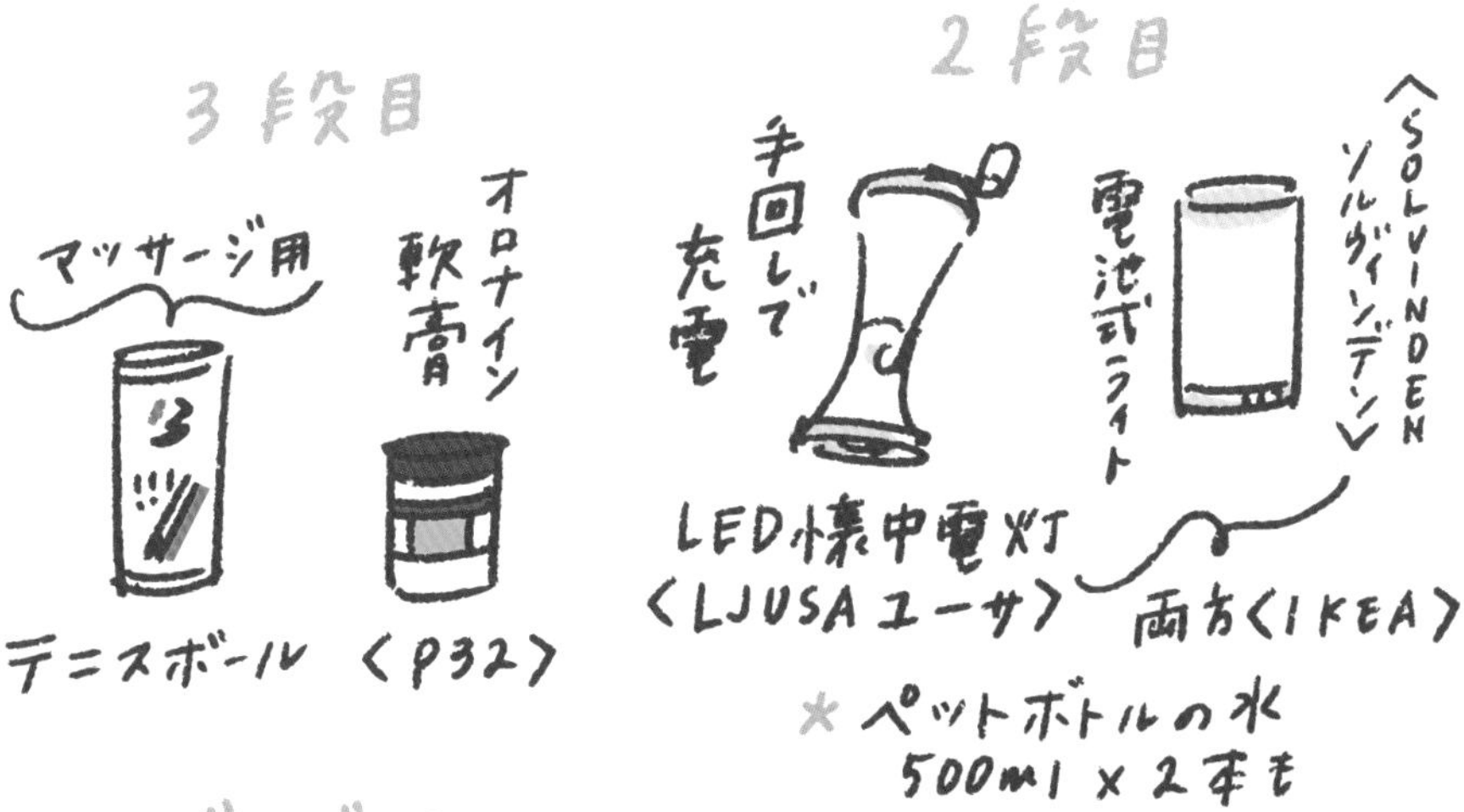
3段目
マッサージ用
テニスボール
オロナイン軟膏
〈P32〉
2段目
手回しで充電
LED懐中電灯
〈LJUSAユーサ〉
電池式ライト
〈SOLVINDEN
ソルヴィンデン〉
両方〈IKEA〉
＊ペットボトルの水
500ml×2本も

ベッドスロー

1枚掛けるだけで、フトンがずれにくく、足元のスースーもゼロに。
眠りの質が格段にUP!

セーフティゾーンとは?

元消防士の方の「レスキューハウス」という YouTube チャンネルで「家の一室をセーフティゾーンにする」という防災の備え方を知りました。理想は寝室ですが、そのほかの部屋でもＯＫとのこと。被災時に安全に寝食できる場所になるように、背の高い家具を置かない、割れると陶磁器よりも細かく飛散するガラス製品を置かないなどの備えが大事だそうです。

裸足が好き。冷やさないためにしていること

冷えるとわかっていながら、やめられないのが〝万年裸足生活〟。

雪国青森の生まれ育ちですが、子供の頃から3人兄弟揃って、真冬でも裸足で過ごすのが普通でした。今も、外出時以外は裸足でノースリッパです。

裸足を続けたいがために、それ以外では体を冷やさないよう気をつけてきましたが、昨年は油断してしまいました。夏、アイスコーヒーを毎日のようにがぶ飲みして、猫の暑さ対策にと冷房も24時間フル稼働でした。そしてそのまま秋、冬と裸足で過ごしたら、春が来ても寒くて寒くて仕方がないのです。結局6月まで、電気敷き毛布を手放せず、苦手な靴下をいそいそ履くくらい後を引いてしまいました。

このまま夏を迎え、再び24時間エアコン生活になったら、また同じ1年を繰り返してしまいそうです。そこで、いくつか夏の取り組みを決めました。

・「やめたこと」……氷入りの冷たい飲み物。首元が大きく開いたTシャツなど。
・「取り入れたこと」……食事や飲み物にスパイスを活用。アンクルウォーマーを活用（お風呂上がりや、エアコンで足元がスースーするときにサッと着ける）。

ひと夏を過ごして、すっかりアンクルウォーマーの虜になりました。あるとなしでは、冷え方の程度が違います。また、夏に用心深く過ごしたことで、意識が高いまま秋を迎えられたこともよい点。

気温がグンと下がった秋口からは、最寄り駅の近くの漢方薬局で教えていただいたヨモギと赤紫蘇、陳皮、生姜をブレンドしたお茶を毎晩飲むのが日課に。

漢方の生薬は大きく分けて、栄養になるものと巡らせるもの、二通りの性質があるそうです。ちなみにヨモギと赤紫蘇、生姜は栄養、陳皮は巡らせる素材。相乗効果を狙って、薬草茶は、単体よりもブレンドしたほうが効果的だそうです。

お灸のもぐさや韓国のヨモギ蒸しなど、ヨモギは体を温める代表的な生薬です。また、赤紫蘇はアレルギー症状の改善にもよく用いられ、漢方ではポピュラー。金時生姜を加えれば完璧な組み合わせとのことでしたが、金時生姜の強めの辛みが少し苦手なので、生のスライス生姜かパウダーを。私は、400mlくらいのティーポットに、ヨモギと赤紫蘇をティースプーン1杯、生姜と陳皮を少量の割合で飲んでいます。ヨモギの土っぽい香りが少し気になったので、番茶も少し加え、しっかり蒸らすとぐんとおいしくなりました。飲み終える頃には、手足もポカポカです。

生薬はネットでも購入できます。無農薬、国産など好みで取り寄せるのもよいかも。

その後、朝晩の気温が一桁台の冷え込みとなる12月を迎えましたが、前年よりも寒さが体にこたえていない感じがします。今の過ごし方が次の年の、さらに先の体調に影響することを身をもって感じた1年でした。

〈夏も冬もスースーは足元から〉

レギンス風に
おしゃれアイテムとしても使える素材感

夏はショート丈
それ以外はロング丈
一年通してアンクルウオーマーの
お世話に。

これだけで、
寒さ、冷えが全然変わる。
もう手放せない

アンクルウオーマーロング
〈HOKOS〉

＼COTTON&SILK／
洗濯しやすい
チクチクしない

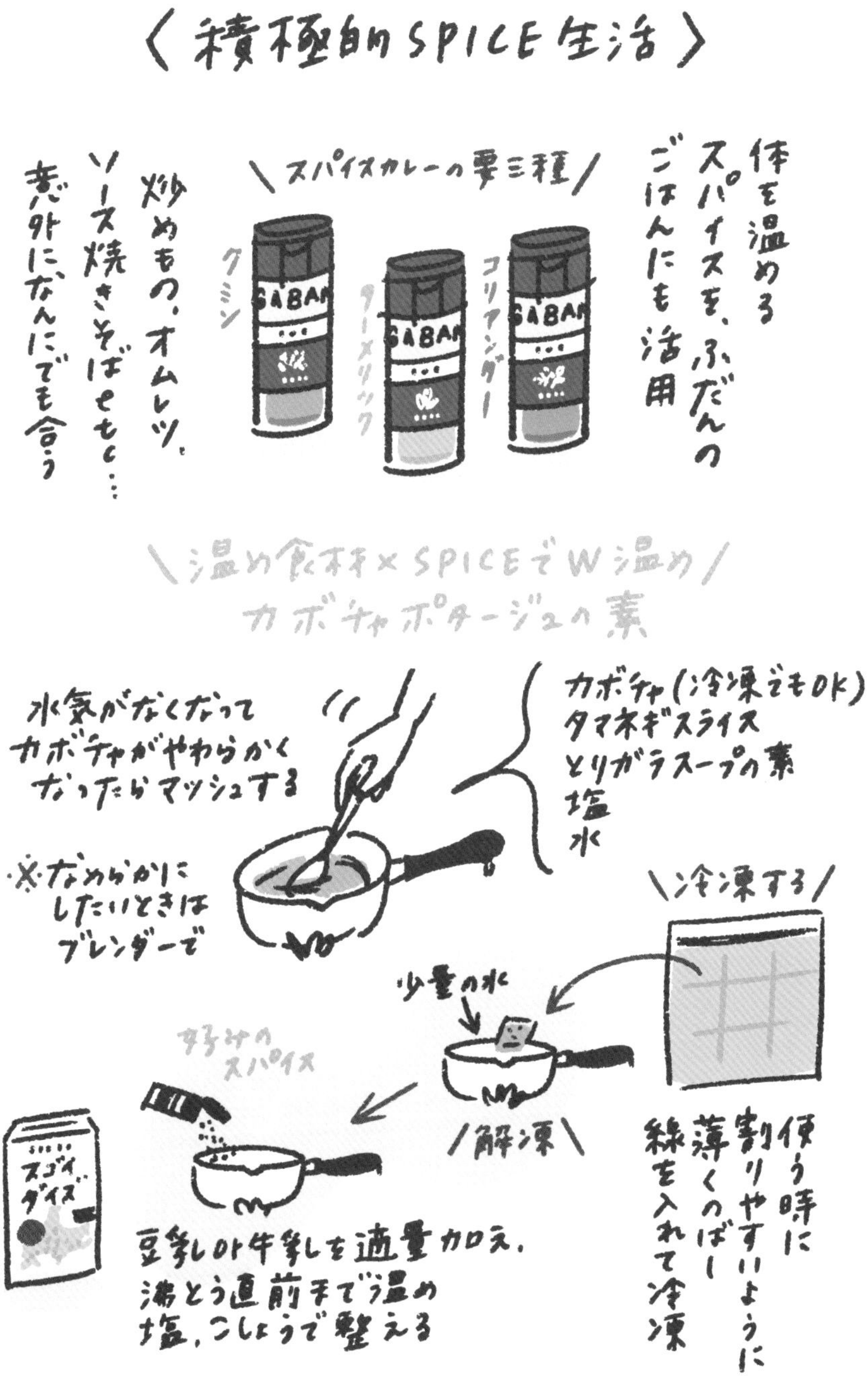
〈積極的SPICE生活〉
体を温めるスパイスを、ふだんのごはんにも活用
\スパイスカレーの要三種/
クミン
ターメリック
コリアンダー
GABAN
炒めもの、オムレツ、ソース焼きそばetc…
意外に、なんにでも合う
\温め食材×SPICEでW温め/
カボチャポタージュの素
カボチャ（冷凍でもOK）
タマネギスライス
とりがらスープの素
塩
水
水気がなくなってカボチャがやわらかくなったらマッシュする
※なめらかにしたいときはブレンダーで
\冷凍する/
使う時に割りやすいように薄くのばし線を入れて冷凍
少量の水
/解凍\
好みのスパイス
スゴイダイズ
豆乳か牛乳を適量加え、沸とう直前まで温め塩、こしょうで整える

腸を観察したら便秘薬を手放せた

美と健康を語る上で、外せないのが腸内環境。実は、私は長年便秘薬が手放せませんでした。完全に薬も便秘も手放すことができたのは、ここ2、3年です。

腸内環境が、体調や肌、免疫、メンタルと全身の健康に影響すると思うと「出ない」ことを過剰に気にして、一時期はサプリ感覚で便秘薬を飲むまでに。でもこれはやはり不自然で、薬のおかげで毎日便通はあっても健康とは真逆の状態です。

そんなとき、便秘薬を長年飲み続けたせいで真っ黒に変色してしまった腸の画像をネットで偶然目に。これが決定的でした。

まずは自分の体に（腸に）合う食べ物を探すことに。腸内環境は一人ひとり違います。食物繊維や発酵食品はじめ、腸活には○○がいいといわれているものは参考にしながらも、自分に合っているか、いい反応があるかを観察。そのうちに合う食べ物がつかめてきました。私の場合は根菜類をしっかり食べていると調子がよく、じゃがいもや山芋など、芋系の根菜が合うようです。りんごもテキメンで、ほかは米食を1日に最低1食以上摂るのも。こんなことをしていると、いつの間にか便通のことを考えなくなっていました。気にならないくらいスムーズになっていたのです。

今も、ともすると便秘に偏りやすくなることもありますが、あまり神経質になりすぎないようにしています。食事を意識すれば、だいたい解消します。

＼毎日食べてます／
〈善玉菌とそのエサ〉
フローラ
フローラ
プロバイオティクス
ぬか漬
納豆
発酵食
整腸剤
プレバイオティクス
根菜
海藻
オリゴ糖
食物センイ
おいしくておなかによすぎるトロトロメシ
黒すりゴマ
ながいも
or
やまいも
オリーブオイル
生たまご
納豆
青のり
ねぎ
しょうゆと白だしをたらり。ごはんといっしょに召し上がれ

ダイニングキッチンと和室のリビングが南向きでとにかく明るい今の家。いろいろな家に暮らしてきましたが、真南ははじめて。心地よさが違います。

家具やインテリアは、心から好きなもの、気持ちが上がるものを選びます。照明は、黒磯の「アンティークタミゼ」オリジナル。

デクス周りも心地よく。風水的に、集中力を高めてくれるサンスベリアは、仕事部屋にぴったりのグリーン。

眺めるだけでキュンとする食器棚の一角。友人が海外の蚤の市で見つけてくれたお土産も。

引っ越しから4年の間に、ひとりから3人家族に。猫のベッドやおもちゃ、キャットタワーなど猫グッズもずいぶん増えました。

まるお3歳半♂(茶白)
甘えん坊でおっとりした性格。
面倒見がよく、しろちゃんのお世話も。
来客時のおもてなし担当。

しろちゃん2歳♀(白黒)
遊びが大好きすぎるお笑い担当。
ものおじしない性格だけど来客時は
キャットタワーで様子見。

猫と暮らすようになってから、掃除の回数も増えました。水、トイレ、ごはん、遊びと忙しくなりましたが、生きがいを感じています(P144)。

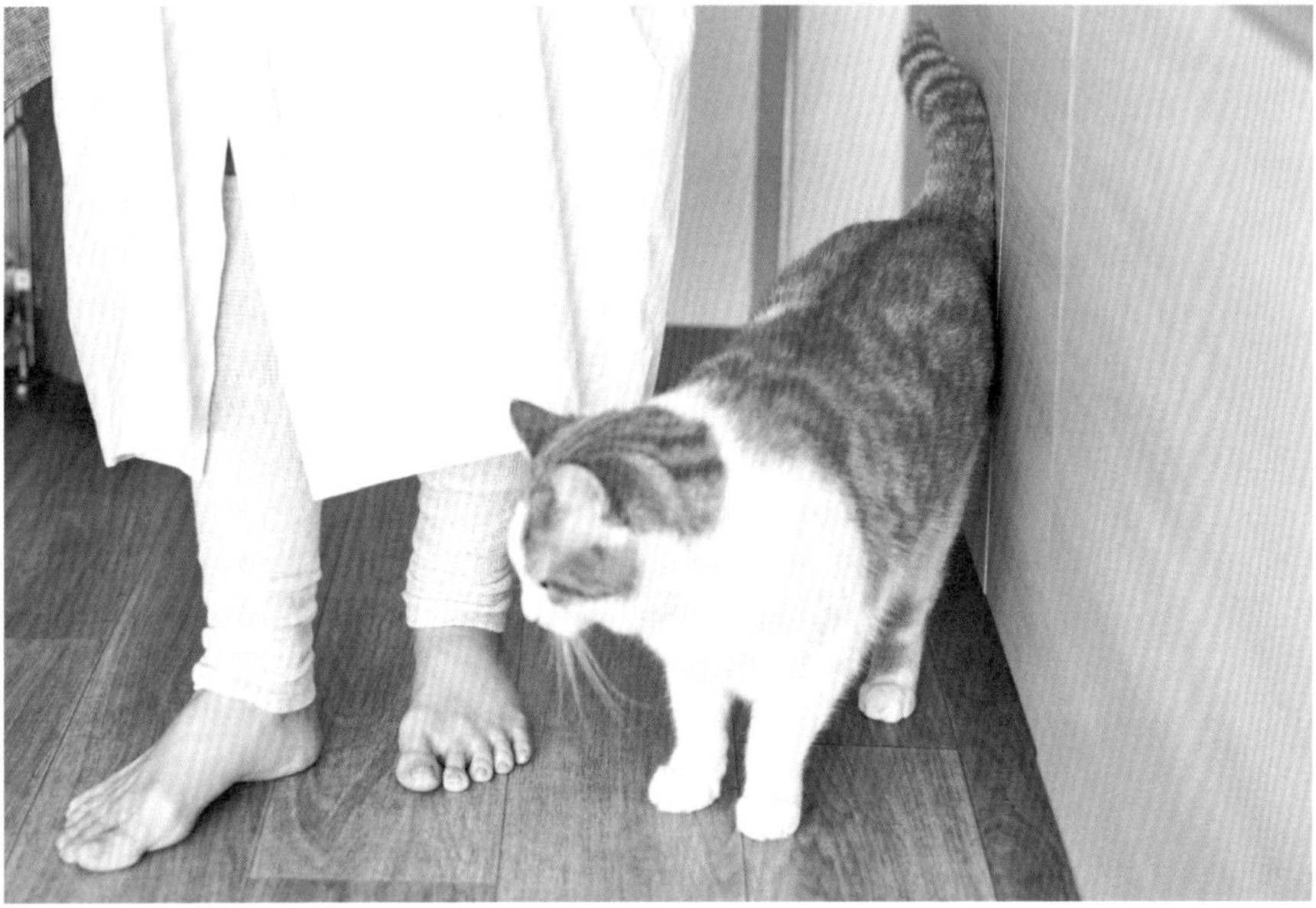

万年裸足生活から少し学んで、2月の寒い日だけは靴下を履くことを覚えました。このほうが快適(P50)。

寝室の小抽斗にアイマスクと耳栓を。顔の凹凸にフィットして遮光性が高いので、ノーズワイヤー付きのアイマスクを愛用(P48)。

第2章

見た目をととのえる

朝の洗顔を変えて2年。肌の調子がぐんと上がった

肌の状態がガクンと落ちた40代の一時期より、今のほうが調子よい感じがします。

特に朝の洗顔を、ヘア&メイクアップアーティストの山本浩未さんが考案された「スチームON顔®」に変えてから、明らかに調子が上がりました。

ごく簡単に説明すると、「スチームON顔®」は、50℃のお湯で作った蒸しタオルで顔を「温めて、拭いて、流す」洗顔方法です。

初めて試したとき、パッと血色が蘇り、肌が明るいバラ色に変わったことに感動して、これは続けるべき！　とピンときました。キメも整うせいか、メイクのノリもよくなりました。温かいタオルをあてて息を吐いたときの心地よさが病みつきで、もう2年、毎日自然に続けられています。

ローションパックを復活させたことも大きいと思います。30代は毎日習慣にしていましたが、肌の奥深くまで水分で満たされる感覚は、やっぱりローションパックがいちばん。50代でも、手をかければ肌がまだまだ応えてくれるのを実感しています。

前作でも保湿の大切さには触れました。それを読んだ友人が、化粧水の量を増やしたそう。すると「気づいたらほうれい線と小ジワがなくなっていた」というのです。化粧水は〝ドラッグストアで買った普通のもの〞とのこと。実際、本当にシワが見当たりません。41歳という若さもあるにせよ、これは驚きのうれしい報告でした。

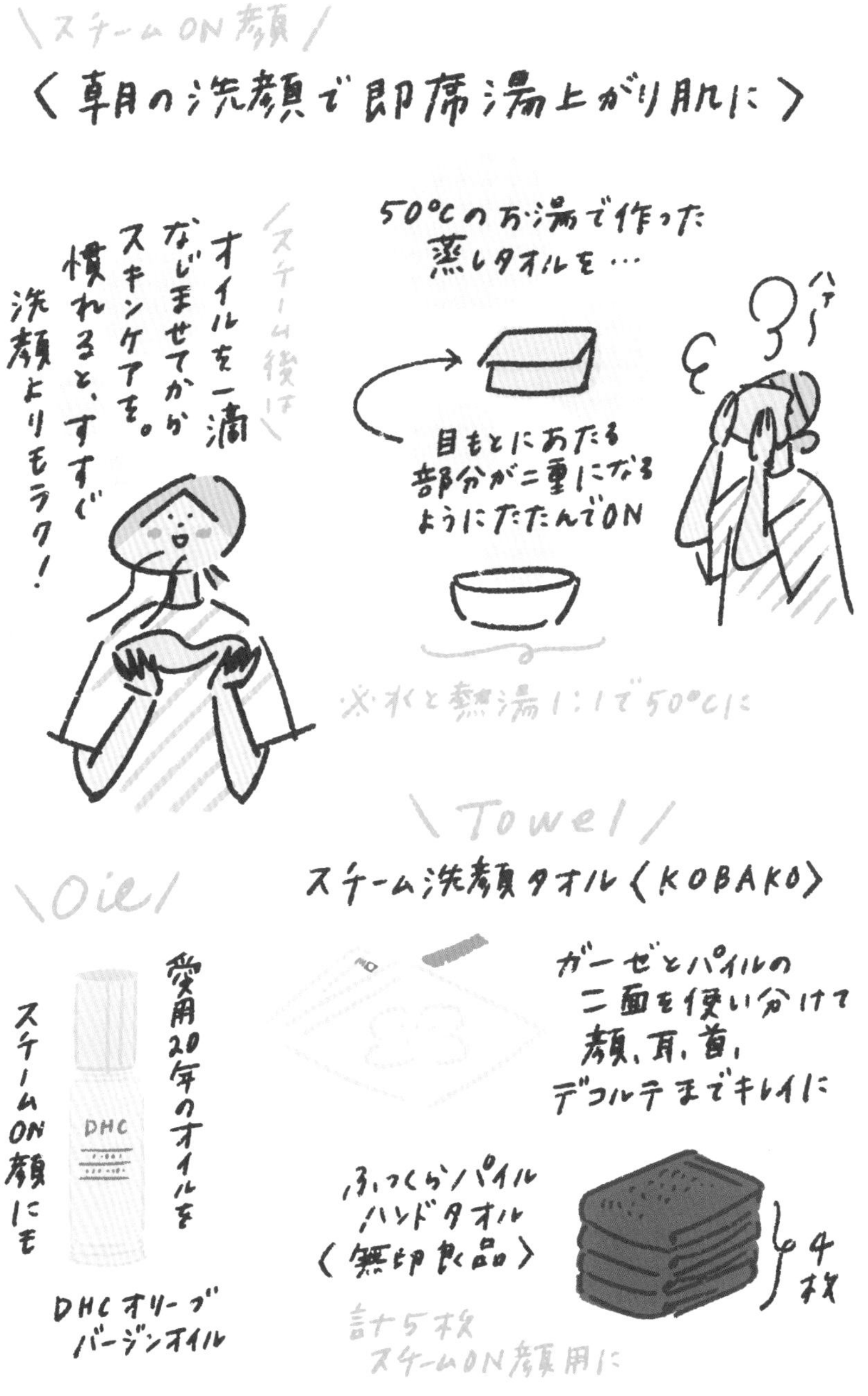
\スチームON顔/
〈朝の洗顔で即席湯上がり肌に〉
スチーム後は
オイルを一滴なじませてからスキンケアを。慣れると、すすぐ洗顔よりもラク！
50℃のお湯で作った蒸しタオルを…
目もとにあたる部分が二重になるようにたたんでON
ハァ〜
※水と熱湯1:1で50℃に
\Towel/
スチーム洗顔タオル〈KOBAKO〉
ガーゼとパイルの二面を使い分けて顔、耳、首、デコルテまでキレイに
ふっくらパイルハンドタオル〈無印良品〉
4枚
計5枚
スチームON顔用に
\Oil/
愛用20年のオイルをスチームON顔にも
DHC
DHCオリーブバージンオイル

美容液超え!?
保湿の
バリエーション

変わらず大切にしてきたことはやはり「保湿」。とことん化粧水を効かせることを大切にしています。普段は手で浸透させますが、肌を立て直したいときは、ローションパックを集中的に続けると肌がテキメンに元気になります。

最近は、シートマスクも活用しています。夜はもちろん、朝に使うとメイクのノリも持ちも格段によくなります。私の保湿方法の使い分けをご紹介します。

Basic
＼たっぷりの／
化粧水をじっくり浸透。
手の平に肌が吸いつくまで追いローションを繰り返す
ピタ〜
首も忘れず!

美白ケアは一年通して
ホワイトニング系
エイジング系
肌が敏感な時を使える処方のもの
タイプ違いを2、3種類使い分け

Easy
どんなに眠くても酔っぱらってても保湿はする!
zzz…
こんな時もオールインワンジェルが大助かり!
ひとつ持っておくと便利

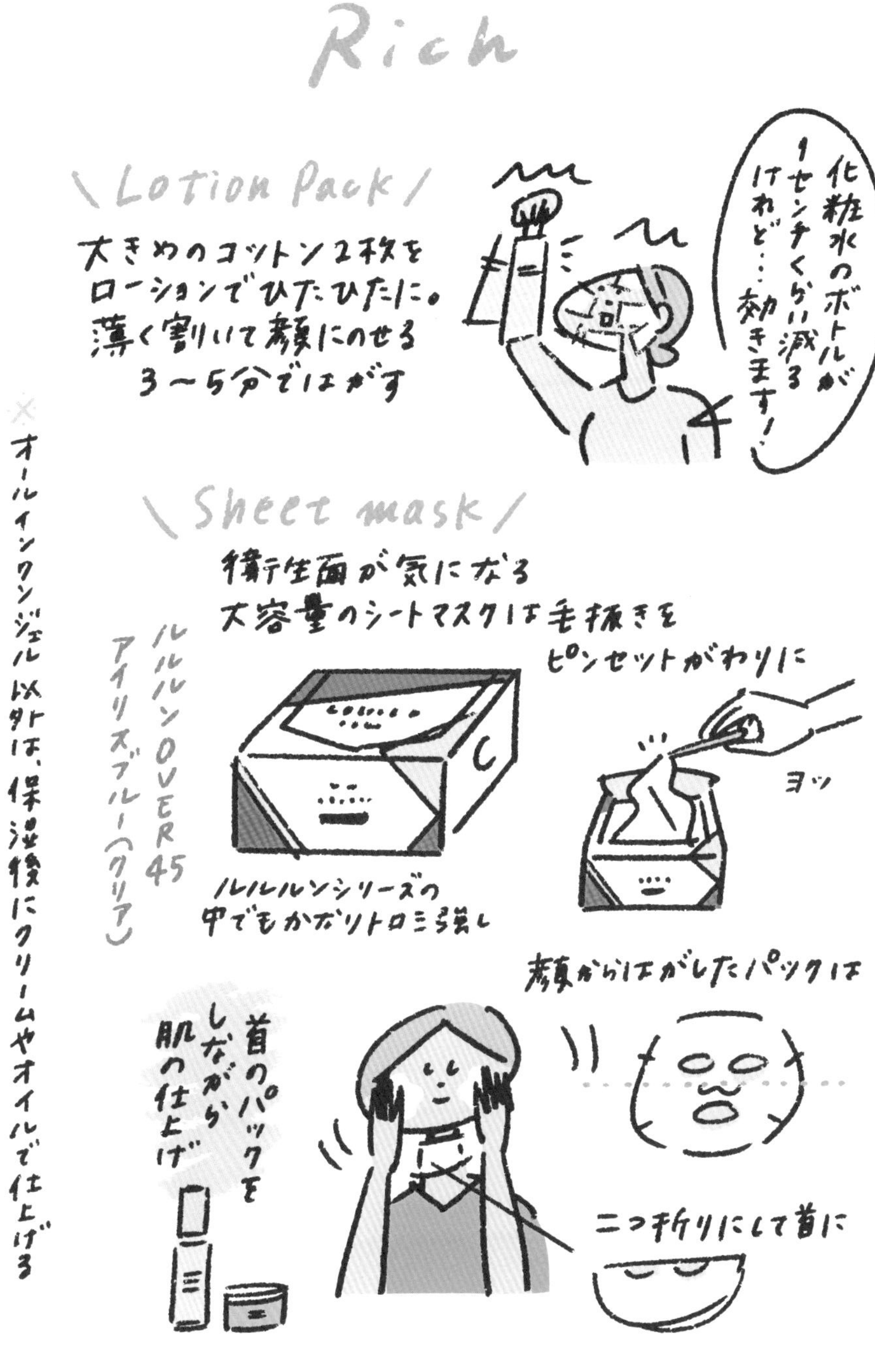
Rich
\ Lotion Pack /
大きめのコットン2枚をローションでひたひたに。
薄く割いて顔にのせる
3〜5分ではがす
化粧水のボトルが1センチくらい減るけれど… 効きます！
\ Sheet mask /
衛生面が気になる
大容量のシートマスクは手抜きを
ピンセットがわりに
ヨッ
ルルルンOVER45
アイリスブルー（クリア）
ルルルンシリーズの中でもかなりトロミ強し
顔からはがしたパックは
二つ折りにして首に
首のパックをしながら肌の仕上げ
※オールインワンジェル以外は、保湿後にクリームやオイルで仕上げる

もたつきを秒でスッキリ。フェイスラインをととのえる

それなりの年齢になり、受け入れる気持ちも芽生えたせいか、コンプレックスと呼べるものは少なくなりました。でも若い頃は、兎にも角にもフェイスラインがコンプレックスでした。父親の輪郭にそっくりなので、遺伝的要素が多分にありますが、頬の下部がふっくらしやすいのです。下ぶくれといえばわかりやすいでしょうか。

これも、20代のあるときまではあまり気にしていませんでした。でも、当時アルバイトをしていた先で、バイト仲間の女子大生の子から「柿崎さん、飴玉舐めてるの?笑」といわれたことがきっかけで、たちまちコンプレックスに。

当時は若くて、肌のハリも顔もパンパンです。その後、少し痩せたら、飴玉もあまり目立たなくなりました。さらに、美容に目覚めた30代では、フェイスマッサージが毎日の習慣になり、もっとスッキリ。飴玉はいつしか遠い過去のことに。

時を経て50代。飴玉事件がフラッシュバック。今度はたるみという形で、そこが目立つように。代謝も衰え、むくみやすく、フェイスラインがもたつくのは自然なことですが、長年続けてきた感覚では、やはりマッサージはかなり有効。でも、近頃はマッサージやフェイササイズで、刺激を与えすぎないほうがよいという話も聞きます。強さと頻度に気をつけて、加齢による凹凸をこまめにお直ししています。やさしいタッチでも十分、スッキリ感は得られます。

〈フェイスラインは秒で変えられる〉
\変遷/
50代
20代
あめ玉?
アイドルのようにかわいい子でした
\強く圧さない、引っぱらない、こすらない/
毎日数秒の流しで
フェイスラインのもたつきを解消する
アプローチするのはココ!
洗顔ですすぐときに流す
なでるだけ
スキンケアしながら流す
化粧品の油分ですべらせるだけ
ココですべらせる
もたつきが気になるときにいつでも!
さすって流す

スキンケアからメイクまで。場所を行き来する理由

朝の身支度は、ステップごとに適した場所で行いたいので、洗面所を行ったり来たりしています。

「スチームON顔®」のあとは、スキンケアアイテム一式を持ってリビングへ移動。じっくり浸透させたいスキンケアは、ソファに座って腰を据えて行います。

洗面所に戻り、次のステップ。〝しっかりカバーして、素肌っぽく〟という対極の技が必要なベースメイクは、洗面所の大きな鏡を利用します。目元のクマをコンシーラーでカバーするときは、上半身全体が鏡に映るくらい離れます。

じっくり浸透させたい
Skin care
座
洗顔後
肌の状態をみて
スキンケアアイテムを
チョイス

クマの隠れ具合は離れたほうがわかりやすく、ムラなくなじませるのは、近いほうがきれいにできます。クマやシミの数だけ寄り引きを繰り返すので、洗面所では立ち技がピッタリなのです。厚塗り感がないか、顔と首の色のなじみもここで離れてチェックします。

次はリビングに移動して、アイラインや眉など繊細なメイクを座って丁寧に仕上げます。

最後は洗面所で全体をチェックして、髪の毛をととのえて完了。……かなり目まぐるしいですが、動線はいたってシンプルです。

ちなみに、スキンケアやベースメイク用のコスメやブラシなどの道具類は洗面所に置いています。メイク用品はポーチにまとめてリビングのキャビネットに。どちらも使う場所でサッと取り出せるように収納しています。

細部までチェックしたい
Make up 座
よーし
ここまでで20〜30分ほど
（ONとOFFのメイクによる）

寄り引きしたい
Base make
立
毛穴もチェック
日やけ止め、ファンデ、
コンシーラー、パウダーまで

自前メイクにテコ入れする！「ベースメイク」を変えてみる

２０２２年に故郷の青森で個展を開催したときのことです。地元のテレビ局のご厚意で、ある情報番組で個展の告知をさせていただけることになりました。生放送当日に一瞬だけ出演する心づもりで出向くと、なんと1時間フル出演とのこと……！

緊張の汗をかきながらなんとか終え、その足で個展会場のギャラリーへ向かいました。

ありがたいことに、番組を観て来てくださった方もたくさんいました。そして、幼稚園からの幼なじみも駆けつけてくれたのですが、開口一番こんなことを。

「テレビ観たよ！　でも、もうちょっとメイク華やかにしたらよかったんじゃない？　口紅塗ってる？　顔色が悪く見えてもったいない」という感想を伝えてくれました。

テレビ画面越しの自分の姿を知らない私は、このときはいまいちピンとこず。でも、この幼なじみの率直な一言を、のちに時間差で納得することになりました。

その後、取材撮影の依頼が少しずつ増えていきました。そして、そこに写る自分の姿は幼なじみのいう通りで、なんだか顔色が冴えない。パッとしないのです。自分が落ち着くメイクと、そこで映えるか否かにはかなり開きがあるよう。

そこで、自前メイクにテコ入れをすることに。まずは、気になる顔の色ムラやシミ、クマ対策として、ＹｏｕＴｕｂｅでコンシーラーの情報収集です。リキッド、クリーム、ティント、単色、パレット……曖昧だったコンシーラーの世界。吟味して、プロのヘアメイクさんの評価も高い、コスメデコルテの神コンシーラー（と呼ばれるもの）を購入してみました。超薄づきながら、しっかりカバーして、よれにくく保湿力もあるクリームタイプのものです。複数の肌色がひとつのパレットになっている点も、シミやくすみなど、濁りカラーが混在する大人の肌にピッタリ。パレットひとつで最強の対応力を発揮します。

次はファンデーション。友人おすすめの、これもコスメデコルテのリキッドファンデを購入。久しぶりにデパートのコスメ売り場のカウンターに出かけて、ＢＡさんに相談。色選び、塗り方などを教えてもらいました。

「ファンデの厚塗りは老けて見えるから、ベースカラーと少量のＢＢクリームを部分使いしてナチュラルに」。そう思い込んで敬遠していた間に、ファンデーションは驚くほど進化していました。

素肌っぽいのにアラはしっかりカバー、〝塗ってます感〟を出さずにみずみずしい仕上がり……本当に、いったい私は何年損をしていたのでしょうか。

でも、それ以上に、大人がきれいになれる方法は山のようにある！　と実感。希望に満ちあふれている今です。

「苦手」からの解放。大人の肌にさくら色を

ベースメイクの次はカラー、ポイントメイクのテコ入れです。こちらも「これが合うかも」と思ったものをずっと使い続けがちでした。

それでも、カラフルなアイライナーやマスカラが流行ると、気になって試してみたりはするのです。でも、ピンクブラウンのマスカラやボルドーのアイライナーは、とにかく落ち着かなくて、すぐにベーシックなブラックやブラウンに戻ってしまいます。

まずはチークとリップをピンク系に変えてみました。それも、これまでなら手に取らないような淡いピンク、さくら色です。元々の肌色にもよると思いますが、私の北国っぽいやや色白の肌には大正解でした。頬にのせると、顔全体の血色がよくなったように見えます。

唇は、最も苦手なパーツ。色も形もしっかりのせるのには抵抗がありましたが、さくら色を取り入れてみると、唇を強調せず、でも存在感も血色も、女性っぽさも増すような気がして、一気に心まで華やぎました。

たったこれだけのことですが、何十年にもわたる苦手意識が変わった瞬間でした。メイクの最後にリップカラーを塗るのが、密かな楽しみになりました。

今は、これもまた苦手意識のあるアイシャドウの、運命のさくら色を探しているところ。ファンデ選びで楽しかった、デパートのコスメ売り場で教えを乞うつもりです。

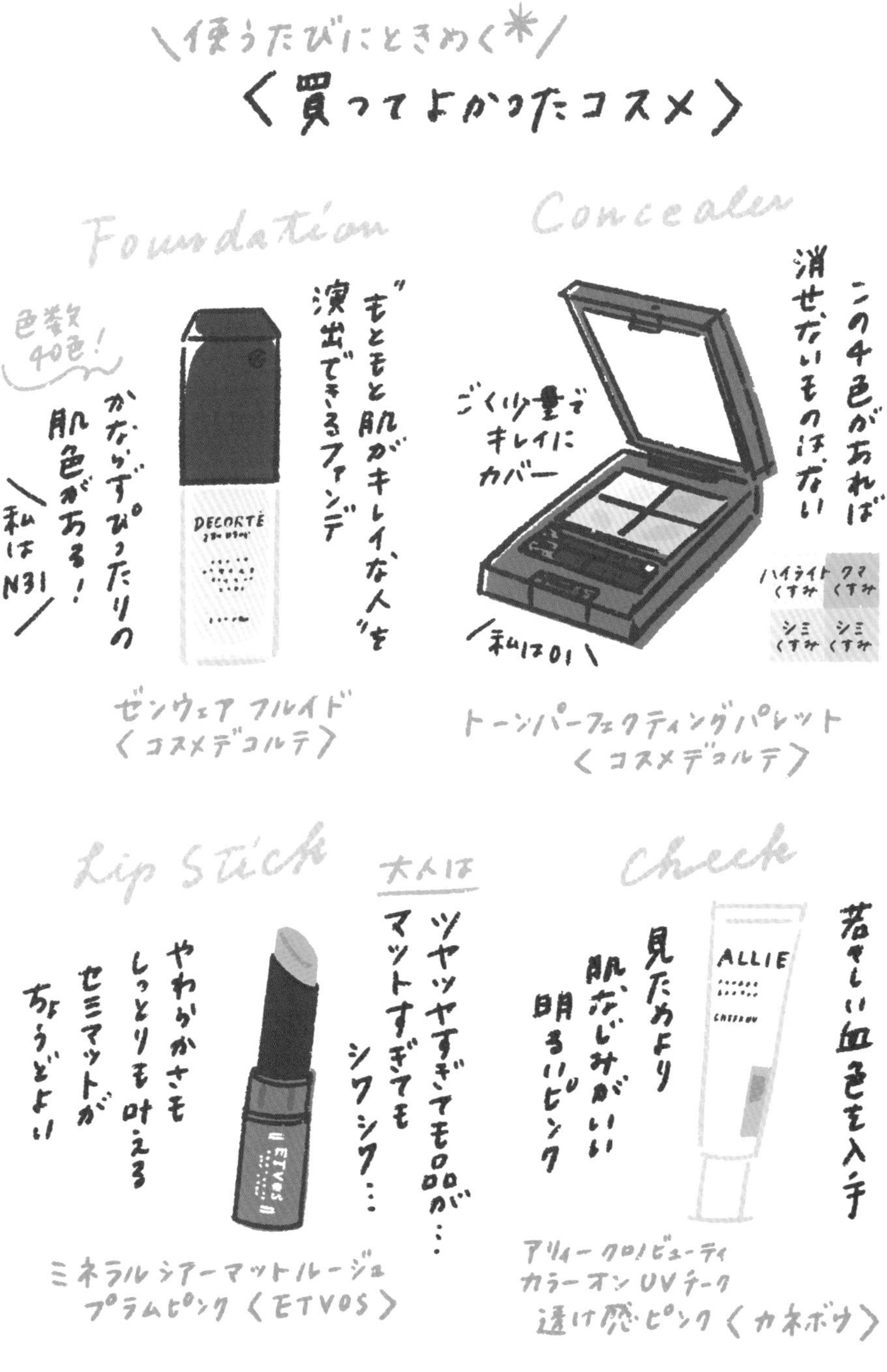
＼使うたびにときめく＊／
〈買ってよかったコスメ〉
Foundation
色数40色!
かならずぴったりの
肌色がある!
＼私はN31／
"もともと肌がキレイな人"を
演出できるファンデ
DECORTÉ
ゼンウェア フルイド
〈コスメデコルテ〉
Concealer
この4色があれば
消せないものはない
ごく少量で
キレイに
カバー
ハイライト くすみ
クマ くすみ
シミ くすみ
シミ くすみ
＼私は01＼
トーンパーフェクティングパレット
〈コスメデコルテ〉
Lip Stick
大人は
ツヤツヤすぎても品が…
マットすぎても
シワシワ…
やわらかさも
しっとりも叶える
セミマットが
ちょうどよい
ETVOS
ミネラルシアーマットルージュ
プラムピンク〈ETVOS〉
Check
ALLIE
若々しい血色を入手
見た目より
肌なじみがいい
明るいピンク
アリィー クロノビューティ
カラーオンUVチーク
透け感ピンク〈カネボウ〉

気になってきた顔のシミ。はじめての美容医療

紫外線が弱まる秋冬はシミ取りレーザーのベストシーズン。満を持して、２０２３年の秋口に施術を受けました。

現在、施術から2か月経ちました。シミは日に日にきれいになっていますが、経過段階のため、クリニック名を明記することは控えたいと思います。個人の体験談として記します。

大手美容クリニックのシミ取りレーザー施術が、想像より手頃な価格と知って心をつかまれたのが夏頃のこと。そして秋、コンシーラーでカバーするのも厳しくなってきた頬のシミが気になって、施術を受けることを決意。

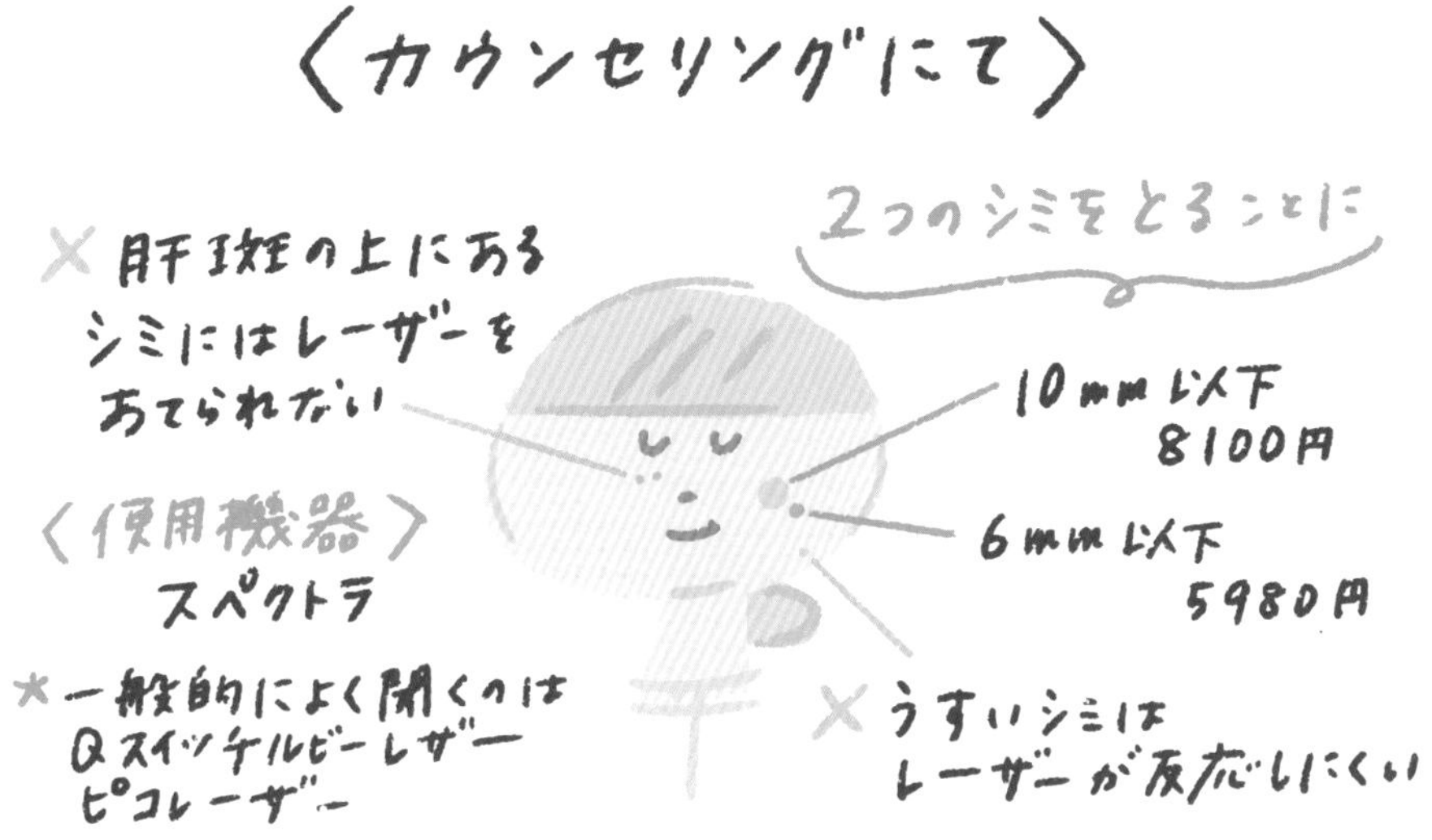
〈カウンセリングにて〉
2つのシミをとることに
×肝斑の上にあるシミにはレーザーをあてられない
10mm以下 8100円
6mm以下 5980円
〈使用機器〉スペクトラ
*一般的によく聞くのはQスイッチルビーレザー ピコレーザー
×うすいシミはレーザーが反応しにくい

\シミの変化/
施術前
施術直後
翌日
びっくりしないで！

まずは、件の大手美容クリニックと最寄り駅近くで評判のいい皮膚科を比較することに。

美容クリニックのほうは、フリーダイヤルの問い合わせ窓口があります。気兼ねなく質問ができて、ちょっとした不安まで話せる雰囲気がありました。いい意味で営業的な印象です。

一方、皮膚科はあくまでも病院。もちろん質問には丁寧に答えてくれますが、一定以上のことは診察で相談することになります。

シミの大きさで料金が決まる点はどちらも同じで、これはわりと一般的なようです。二者で金額に大きな差はありませんでしたが、私は美容クリニックでカウンセリングを受けることにしました。実際に足を運ぶ前に、知りたいことを電話の段階でクリアにできたことが決め手です。

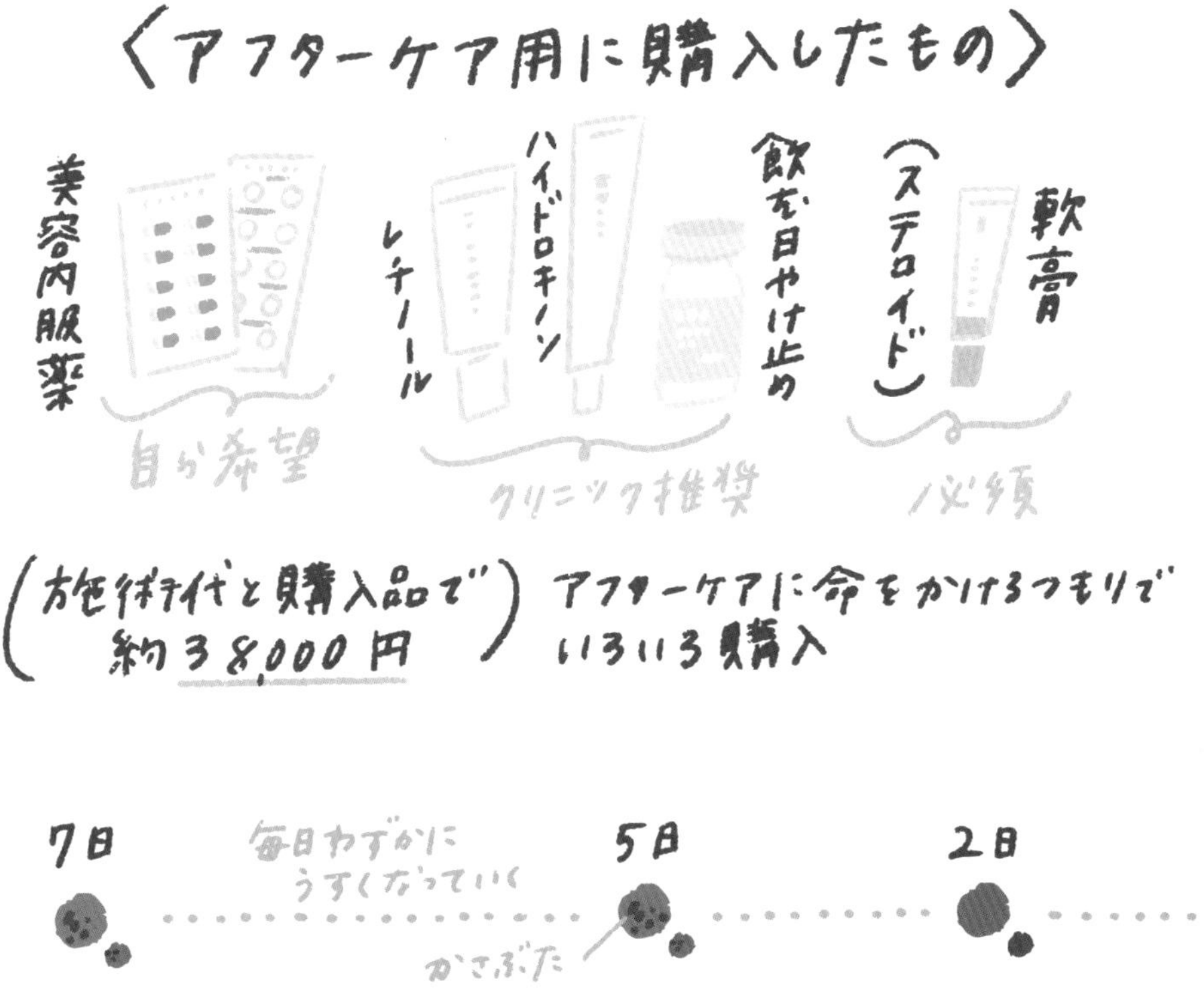
〈アフターケア用に購入したもの〉
軟膏（ステロイド）
飲む日やけ止め
ハイドロキノン
レチノール
美容内服薬
自分希望
クリニック推奨
必須
（施術代と購入品で約38,000円）
アフターケアに命をかけるつもりでいろいろ購入
7日
毎日わずかにうすくなっていく
5日
かさぶた
2日

施術まではこのような流れでした。
・カウンセリングを受ける（※ダウンタイム、アフターケアなどの説明も）。
※施術痕が沈静するまでをダウンタイムという。
・カウンセリング後、医師の診察を受ける（シミがレーザー治療に適したものか判断）。色素沈着や肝斑などが混在していると施術方法が変わったり、一度で取るのは難しかったりすることも。私は特に気になっていた左頬のふたつのシミを取ることにしました。
後日。施術はあっという間で、体感としては1分ほど！　痛みは我慢できる程度でした。麻酔の有無は選ぶことができて、私はなしに。ただ、範囲が広い場合は、麻酔があったほうが安心かもしれません。

施術痕に軟膏を塗ったら終了です。1時間ほ

〈施術後1週間は特に注意〉
日やけ止め✕　メイク✕　洗顔○　スキンケア○
（クリニックによる）
とにかく紫外線が大敵
実際では手でカバーしたり
ピンクになってきた～
つい触れたくなるけど触らない
スキンケアもやさしく…
14日
まだまだ濃いけどあせらないで！
21日
まだコンシーラーで隠しきれない

ど少しヒリヒリしましたが、その後の痛みはありませんでした。

クリニックでも再三いわれましたが、施術痕のアフターケアや刺激を与えないことがとにかく重要。アフターケアをないがしろにしたり、無防備に紫外線を浴びてしまったりすると、色素沈着を起こし施術前より濃くなってしまうこともあるそうです。クリニック選びももちろん大切ですが、とにかくアフターケアが大事です。

施術から1週間ほどは、生々しい施術痕を見て不安になることもありましたが、ケア方法も術後の経過も、体質や年齢で本当にそれぞれ。一喜一憂しないで気長に待つのがよさそうです。

施術から現在2か月。まだうっすら赤みが残っていますが、コンシーラーでカバーすれば、ほとんど目立たないくらい薄くなりました。

〈シミとりを機に新たに定着したこと〉
＼スキンケア／
春夏だけ使っていたホワイトニングアイテムも
一年通して使うようになった
＼日やけ止め／
起床後すぐ塗るようになった
シミ、レーザー痕には重ね塗り
30日
一時的に濃くなることも
でも、あせらないで
45日
ずいぶんうすくなった
コンシーラーで隠れる！
現在
順調です

大人の目元は引きしめてやわらげる

Eye Line
アイライン
ずいぶん昔、スーパーで
いらっしゃいませ〜
レジの女性のアイラインが
垂直だったことがあって
今ならよくわかる〜
目尻が下がってくるし、目もとはさみしげになるし…
上へ上へあげたくなる気持ち…
今、アイラインはこうしてます
目尻のシワの角度に沿うように入れる
ひっそりでも、きちっと引きしめてくれる
メーテルの角度

昔は、童顔を大人っぽく見せたくて、キリリとしたメイクを好んでしていました。でも、最近は特に目周りにできるだけやわらかみを出したい気分です。

アイラインは目尻を引きしめる程度に、眉は薄い部分を補いととのえる程度に。マスカラはボッテリつかないように。

メイクも何ごとも、虚勢を張らなくていい、それが歳を重ねてよかったことのひとつといえます。

Eye brow《アイブロウ》

大人の顔に、険しさ、厳しさ、凄み、寂しさはいらない やさしげと多幸感を眉でつくる

\ 私は /
柳眉をイメージして
描き足しています
眉頭
描き足しすぎ注意
眉山
角度つけすぎ注意

アイブロウ 失敗が少ない手順に行き着く

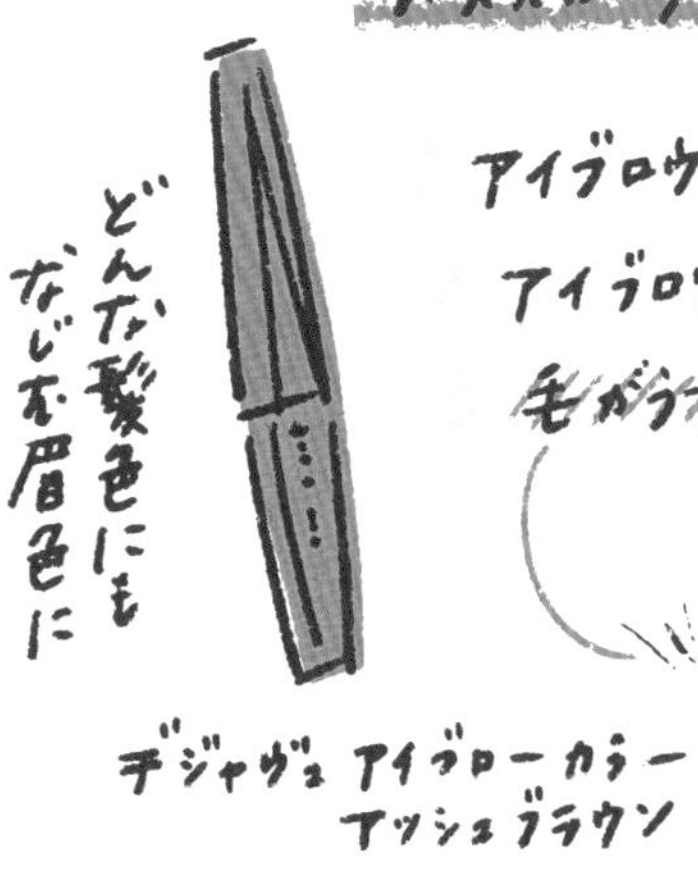
どんな髪色にもなじむ眉色に
デジャヴュ アイブローカラー
アッシュブラウン

アイブロウブラシで毛流れをとかす

アイブロウマスカラで形を整える

毛がうすいところをペンシルで描き足す

横からもチェック
ここに毛がないと
顔がまのびして見える

まつ毛のちょうどいい濃度と角度

1年ぶりにまつ毛パーマをかけたら、視界も気分もパッと明るくなりました。サロンの施術代が大幅に上がってから足が遠のいていましたが、私の下向きのストレートまつ毛には、やっぱりまつ毛パーマが効果的！　また通うことにしました。

P80でアイラインの角度に触れましたが、まつ毛パーマも「ビューラーでサッと上げました」くらい自然に、跳ね上がらない角度になるようにオーダーしています。

今、ニーズが多いのはまつ毛パーマよりエクステだと思いますが、経験がないので正直よさはあまりわかりません。でも、たまに見かける同世代女性の濃厚すぎるエクステは、目を伏せたときの密度や形が人工的に感じ、「おや？」と思うことも。

その昔、黒目を濃く見せるコンタクトレンズを使っていたことがあります。目元の濃度が少し増すだけできれい度も数割増すような感じがして、一時期、手放せなくなりました。あるとき「人造人間みたい」と感じてあっさりやめましたが、顔まわりを〝濃いめ〟にするものには、依存的になりやすい魅力があるのも確か。

「若見えを意識して」のエクステだとしたら、軽やかなほうがそう見える気がします。部分的に数本足すだけでも、メイクの延長のように自然に目元を引きしめられるし、マスカラやアイラインなど「色」で引きしめるのも今っぽい。いずれも、かけた手間ひまを気づかれないくらいの主張が、個人的には好きです。

〈ビューラーを物々交換したらしっくりきた〉
フィットしてスッと上がる
ビューラーに出会うのはむずかしい〜
まつ毛の端から端まで
きれいに上がるとウワサの
ひとえさんにはコレ!と
ウワサの
アイラッシュカーラー〈NARS〉
アイプチ ひとえ・奥ぶたえ用ビューラー
でも…
なんかしっくりこなくて〜
交換
こっちのほうがまつ毛をスッとキャッチできる
みて〜すごい上がる!
アイプチ
NARS
お互いしっくりくる
すばらしい交換ができました

Column

アイライナーといとこ

生まれ故郷の青森に出張を兼ねて帰省をしたときの話です。

仕事を終えた翌日、ホテルをチェックアウトして信号待ちをしていると、向こう側に懐かしい顔が。子供の頃から気が合って仲がよかったのに、ちょっとした仲違いから疎遠になっていたいとこです。結婚して普段は東京に住むいとこが、偶然同じ時期に帰省して同じホテルに泊まっていたことがわかりました。不思議なタイミングに驚きました。懐かしさと、お互い胸の内で気にかけていたことを感じて涙する私たち。……すると「アイライナーなに使ってるの？（泣いても）全然落ちてないんだけど」といとこ。お互い昔からコスメや美容が好きで、よく情報交換をしていた頃と変わらない口調に大笑いしたのでした。

ほどなくして、このときのアイライナーは廃盤に。リニューアル品はテクスチャーが硬く、ハリがなくなったまぶたにはスーッとのらず、描き心地はまるで別物です。なんだかガッカリ。

デパコスからプチプラ、いろいろ試して、廃盤アイライナーによく似た使い心地の、50代のまぶたにもスルスル描けるアイライナーをやっと見つけました。

アイライナーは、できればまぶたで描き心地を試してから買いたい

力を入れずすべらせるだけでスルスル描ける。発色もきれい

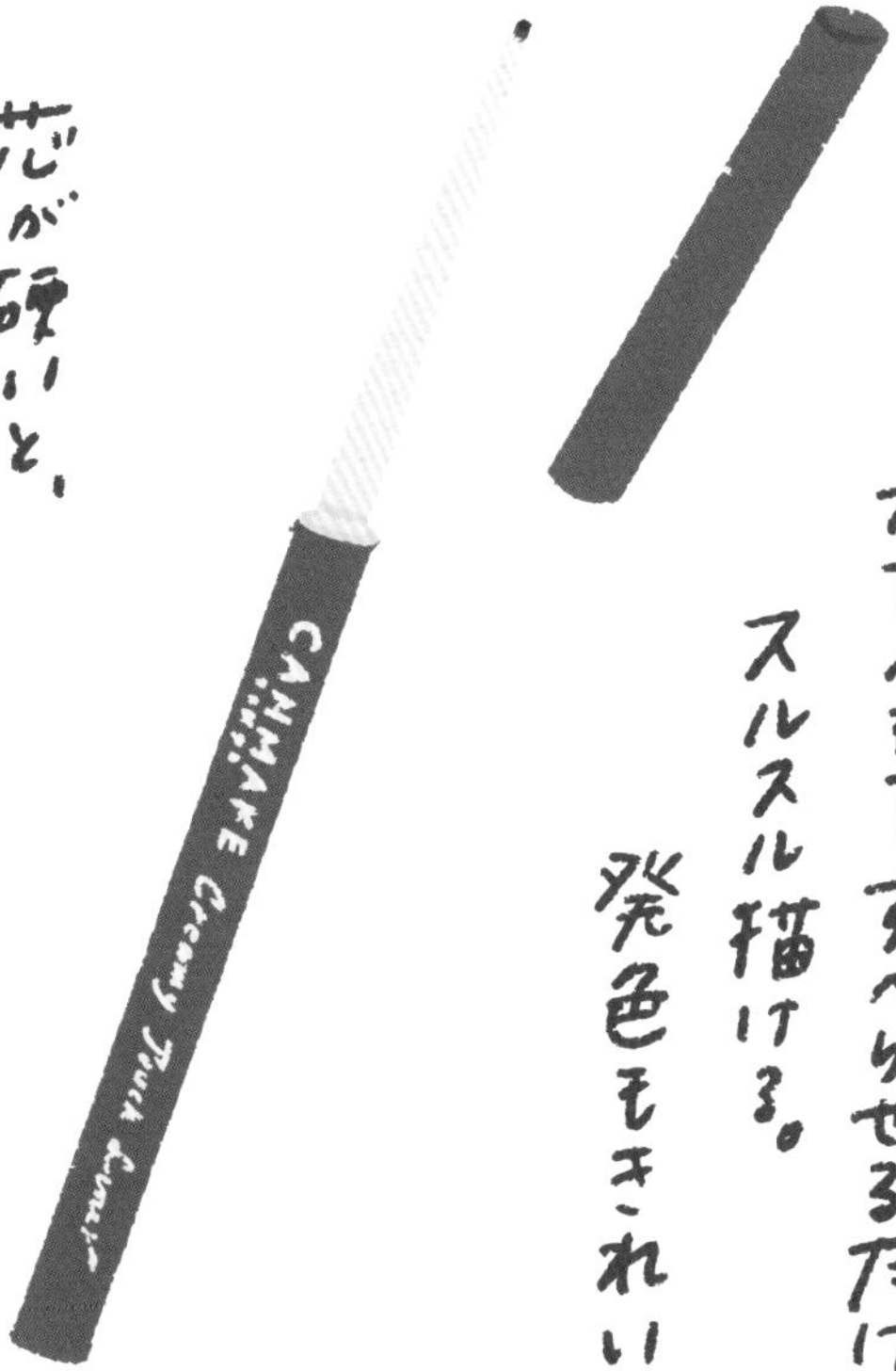

芯が硬いと、ゆるみつつある大人のまぶたにスムーズに描けないことも

クリーミータッチライナー
〈CAN MAKE TOKYO〉

ダークブラウン、クラウディグレーを愛用。まつ毛のきわも描きやすい細い芯がノーストレス。

いずれはグレイヘア。その日が来るまでに

担当の方が退職されたり、なんとなく合わないと感じたりして、ヘアサロンは何度か変わりましたが、できれば同じ美容師さんに長くお世話になりたいと思っています。

現在通っているのは、ホットペッパービューティーで探したヘアサロン。マッサージや整体もそうですが、直接体に触れる施術は、経歴だけでなく施術者の印象も結構気になります。予約サイトやホームページにスタッフのプロフィール写真を掲載していることも多いので、写真から受ける印象も見て選ぶようにしています。

今の担当の方も、プロフィール写真を見てピンときた方を指名させていただきました。40代前半くらいの女性です。お世話になって3年ほどですが、お人柄や技術はもちろん、こんな感じが素敵だよね、という感覚が近いのがありがたいです。私の長年の定番、後ろで髪の毛をまとめるスタイルも、〝しっぽ〟の毛量や切り揃え方で印象が変わってしまうので、好みを汲み取ってもらえるのは大きいです。

質問や相談に対して、明確な答えを持っているのも心強い点。

「そろそろグレイヘア、と思ったら最初に何をすればいい？」という質問には、白髪の量や生え方でも変わってくるので、まずは担当の美容師さんに相談することがいちばんとのことですが、「サロンやホームケアの薬剤を使った白髪染めをやめること」とのアドバイス。

私はもうしばらく黒髪を楽しみたいので、今は、白髪用カラートリートメントと頭皮ケア用シャンプーで、清潔感を保つようにしています。

以前、ベテランの美容ライターさんが「ヘアケアを熟知した知人のライターさんがおっしゃっていたんだけど」と、シャンプー後にドライヤーでしっかり乾かすとツヤが出ることを教えてくれました。キューティクルがしっかり閉じて髪の表面が整うのが理由だそうです。さっそくやってみると、たしかにツヤやか！「結構乾いたかな？」から、もう少し頑張って乾かすと、ツヤがフワ～ッと現れる感じです。

年齢がいったらツヤはなくなっても仕方ないとあきらめていましたが、髪の毛のツヤは顔を明るく若々しく見せるので、頑張りどころです。

スタイリングのときに、ワックスやヘアクリームでツヤを足すことも欠かせません。私のまとめ髪もこれがあるとなしでは、生活感の漏れ具合がまるで違います。大人の〝そのまんま〟はＮＧです。

そのほか、浄水シャワーヘッド（トレビーノ）、ドライヤーの前にアウトバストリートメントを使う、ブラッシングの回数を増やす、頭皮のマッサージなどなど。

今はきれいなグレイヘアのための助走段階。いつか迎えるその日まで、できるだけこぎれいな人でいたいと、あれこれしています。

＼そろそろ…／

〈グレイヘアと思ったらはじめること〉

＼薬剤を使った／
白髪染めをやめる

サロン、
市販品両方

白が気になる場合は
ヘナやカラートリートメントで
カバー

私はDHCの
Q10プレミアム
カラートリートメントを長年愛用

伸ばしながら
素髪の部分を増やしていく

黒髪、白髪、
白髪染め跡の
ミックスゾーン

ミックス時期を
乗り越えれば
立派なグレイヘアに

この時期に
ショートカットにする
orショートカットの人は
グレイヘア化が速い

ここまでおよそ一年くらい！

＼ツヤ、血行、リフトアップ／

〈ブラッシング回数を増やしてみる〉

前→お風呂前の1回
今→2〜3回

くいしばりで硬くなりやすい
側頭部④は、頭皮マッサージも。
フェイスラインもシュッとする
うしろも忘れず
1
2
3
4
5

〈スタイリング前のブラッシング〉

いいニュアンスの
寝グセは
ブラッシングで
こわさないで生かす
たま〜にある
ボリュームアップ効果も
毛流れがリセットされて
スタイリングが
しやすくなった

「手に年齢が出る」を実感中。今後の方向性

最近、撮影をしていただく仕事が増えてきたことで、気になることも増えてきました。手の衰えがそうです。器を持っているシーン、猫を撫でるシーン、どれも手元が写ります。あるときの撮影では、肉眼で見ていたよりもずいぶん年老いた自分の手が写っていて、ギョッとしてしまいました。冷静な目で見直すと、シワにシミが加わるとより年齢を感じさせるものだなと思いました。シワONシミのコンビネーション。切ないけれど、これが今の私のリアルな手です。

今あるシミは致し方がないとします。でも、これからはこれ以上増やさず、濃くしないように手の甲もしっかり紫外線をカット。今よりも保湿を心がけて、シワはあっても白魚のようなきれいな手のおばあちゃんを目指します。その手に真っ赤なネイルを塗って、パールや大ぶりのリングを合わせるのも素敵かも……。1枚の写真が与えてくれた気づきと力、ありがたいです。

そのシワONシミの写真は、素直にお伝えして差し替えていただきました。

ネイルといえば、空手をはじめてから遠ざかってしまいましたが、数年前まで、手足の爪に真っ赤なカラーを塗り、それが気持ちを上げる活力となっていました。禁止されているわけではありませんが、空手着や道場の神聖な趣に真っ赤なネイルがそぐわない気がして、今は素爪で深爪が自分らしいと感じています。

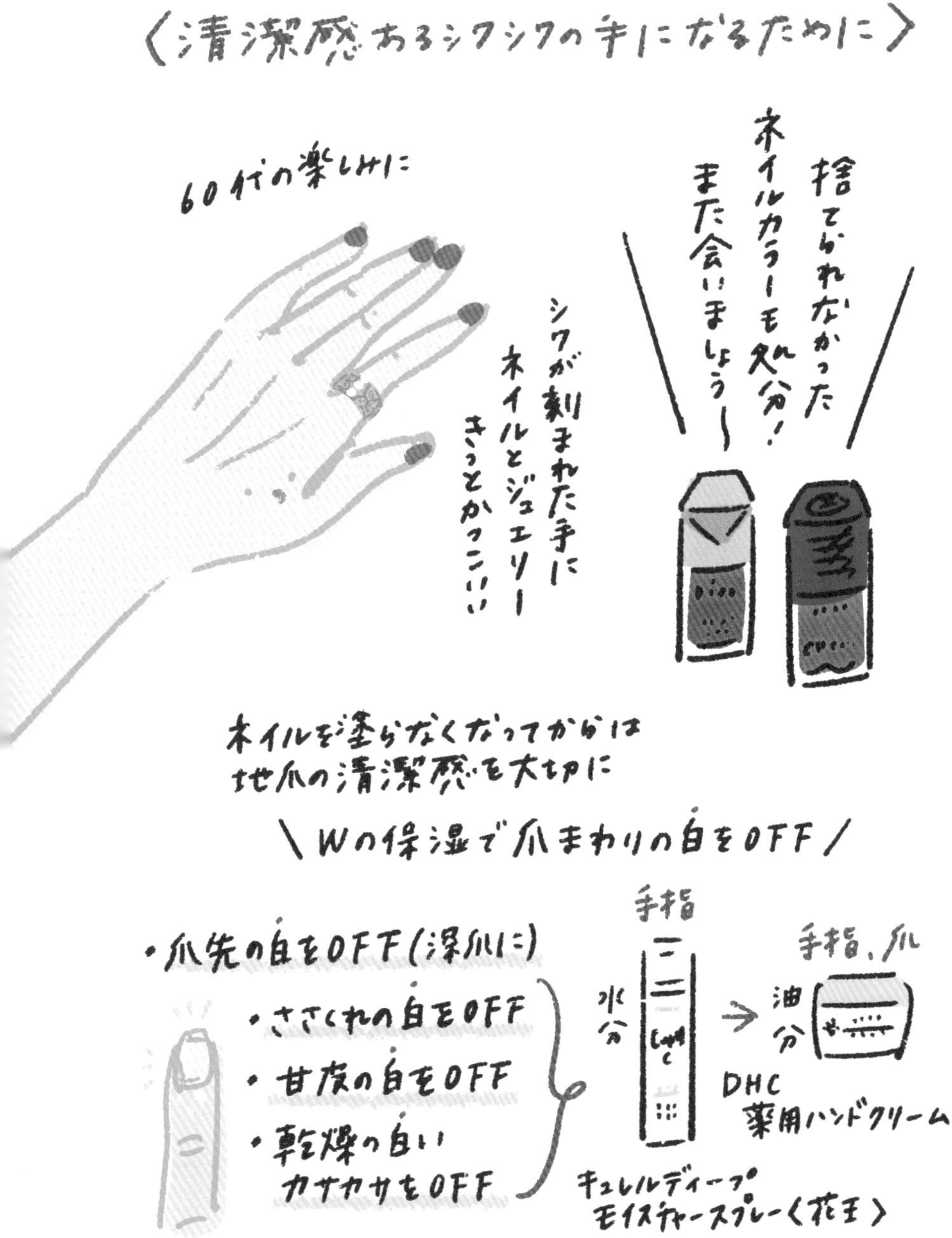
〈清潔感あるシワシワの手になるために〉
60代の楽しみに
シワが刻まれた手に
ネイルとジュエリー
きっとかっこいい!!
捨てられなかった
ネイルカラーも処分!
また会いましょう〜
ネイルを塗らなくなってからは
地爪の清潔感を大切に
\Wの保湿で爪まわりの白をOFF/
・爪先の白をOFF(深爪に)
・ささくれの白をOFF
・甘皮の白をOFF
・乾燥の白い
カサカサをOFF
手指
水分
キュレルディープ
モイスチャースプレー〈花王〉
手指、爪
油分
DHC
薬用ハンドクリーム

50代、再びファッションが楽しくなってきた

〝ファッション好き〟というほどではありませんが、好みは割とはっきりしているほうで、自分なりに楽しんできました。でも徐々に、おなか、お尻、腰回り……、年齢と共に隠したい部分が増えると、いつしか隠せる、またはその部分が目立たないことを基準に服を探すように。40代も半ばにさしかかる頃には、選ぶことも着ることもあまり楽しいと思えなくなっていました。

同じ頃に空手を習いはじめ、おかげで太りにくくはなりました。でも、〝体型〟はまた別の話。コンプレックスをさらけ出して好きな服を着ればいい！　という気概もありません。

そうこうするうちに、トップスをインするスタイルが流行りはじめました。おなか丸出しの恐ろしいスタイル、早く流行が過ぎ去ってほしい……と願いながら過ごしていたら、今はひとつの着こなしとしてすっかり定着しています。

そして50代。私服で撮影をする機会が増えて、最初の頃は本当に困りました。撮影用としてコーディネートした服を着て、鏡の前であれこれするのですが、どうにも野暮ったい。

そこで試しに、頑なに避けてきた、トップスのシャツをインしてみると一瞬で全身のバランスがよくなり、垢抜けたのです！　インの威力に、かなり遅ればせながら感

激しました。

しかも、気になるおなかも思いのほか目立っていません。試しにと、別のパンツに替えてインしてみると、今度はおなかがポン。ここで、なるほどとなりました。

最初のパンツは、コットン生地で適度なハリがあるので、ふんわり落ちてさほどおなかのラインを拾いません。かたや次のパンツは、テロンとしたポリエステル生地。こちらは、スルーンと落ちて１００パーセントおなかのラインを拾うのです。私のおなかは変わらないのに、パンツの生地だけでこんなにも違うなんて。うれしい発見でした！

ちなみに、テロンとした生地のパンツは、おなかはアウトでも、脚全体はスッキリ見えます。ハリのあるふんわり生地は、おなかはセーフだけど、全体的に下半身に少しボリュームが。これは、トップスを少しコンパクトにしたり、それこそインしたりすることで、バランスを取れば問題ない範囲です。

最近は、とりあえずイン。それでダメならトップスを変えたり、コーディネートをいちからやり直したりして、正解を探るというふうにしています。

頑なにインを避けていたこの数年、少し損をしていたかもしれませんが、40代よりも今のほうが、ファッションが楽しくなってきました。

＼避けていた／

＜インしたら着られる服が増えた＞

ポリエステル系
テロテロ生地
パンツ
コットン
ふんわり生地
パンツ
なんかもっさり
どちらも
ウエストゴム
キレイに
ラインを拾う
タックなし
タックも肝、おなかまわりスッキリ効果が
生地に張りがあるほうが
ラインを拾いにくい実感あり

手持ちの服でとにかく研究研究〜

〈おでかけ前は離れて全身をチェック〉

以前は廊下に姿見を置いていました
うんよいかも
50センチ
ちなみに
スッピンだと、コーデの正解がわかりにくい気が。
メイク↓ヘア↓服の順で身じたくしてます
模様替えで仕事部屋へ移動…
…あら！ヘアスタイルと服合ってない
1.5メートル
以来
近間では気づきにくいバランス、着ぶくれ、若作りetc…を遠目でチェックするように

左手の甲の濃いシミは、少しずつ受け入れられるようになりました(P90)。

とにかく保湿を大切にしています。より浸透しやすくするためにスクラブでの角質ケアは欠かせません。

サプリメントの種類はその時々で変わりますが、ビタミンCだけは長年、毎日摂ってます。ボトルはカゴにまとめて、すぐ手が届く場所に置いて飲み忘れを防止。

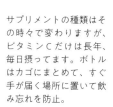

今の家を内見しに来たとき、窓の外の梅が満開でした。気の流れのいい明るい雰囲気が気に入り、50代はこの家からスタート。梅の花が毎年の楽しみに。

第3章

暮らしをととのえる

冷蔵庫を買い替えたらしあわせしかなかった

新型コロナウイルス感染症（以下、コロナ）の罹患を機に、食生活とキッチン周りを見直しました。体調を崩す前は、決まった食材や作り慣れたメニューを繰り返す単調な食生活になっていたと思います。

まずはいちばん不便を感じていた冷蔵庫です。いまさらながら、自炊率が高いわが家に、ひとり暮らしサイズの冷蔵庫は小さすぎました。作り置きをしても多く保存できず、ほしい食材があってもスペースがなくて買うのもためらうといったことが、ごはん作りを億劫にさせているような気に。使いはじめて10年以上の冷蔵庫を買い替える時が、ついに到来です。これまでより容量が大きく、シンクやコンロ周りが丸見えのリビングダイニングで、威圧感が出ないサイズとデザインの冷蔵庫を購入しました。

冷蔵庫を買い替えてから変わったこと。

・買い物が楽になった（入るか入らないかを考えなくていい）。
・出し入れがスムーズに（パズルのように出したり入れ直したりをしなくていい）。
・音が静かになった（最近の冷蔵庫は静か！）。
・心置きなく作り置きができる（1品でもあれば楽。目もバランスも満たされる）。
・冷蔵庫管理の糠漬けがはじめられた。

買い替えから早1年。開けるたび、入れるたびにしあわせを感じています。

小さな〈しあわせいっぱいの冷蔵庫〉

まるおのみはり台
バジル、シソ水耕栽培
庫内はクエン酸水で除菌
※冷蔵庫のそうじは金運UP
しょうゆ、みりんも冷蔵庫保存で酸化防止
きのこ、しょうがは冷凍保存で常備
乾物etc…袋ものは取り出しやすく
ブックスタンド
〈念願のスタート〉
冷蔵庫保管のぬか漬け
ぬか漬け美人
〈野田琺瑯〉
AQUA 3ドア 272L
マットな質感も◎

丁寧な暮らしよりも暮らしになじむことが理想

15年以上使い続けている炊飯器を、いよいよ手放すことにしました。ここ数年の間、何度も土鍋ごはんにシフトしようと思いながら、踏み切れずにいたのです。

毎日、米を計量して、研いで、水切り、浸水、炊いて……こびりついたお米をふやかし、洗い、乾かす……ハードルが高く見えて。土鍋ごはん生活が長い友人に聞くと「慣れればむしろ早いし、断然おいしいし、いいことしかない」といいます。友人は、お昼ごはんを食べた後、夕飯の下ごしらえのついでに浸水までしておくそうです。

延々迷い続けている間に「鋳物（STAUB）は、しっかり乾かす手間がいらなくていい」という人や「アルミ鍋（WEST SIDE 33）は軽くて扱いやすいし早く炊ける」という人に会い、土鍋以外もありかも？　とさらに揺れました。

そんな矢先、土鍋ごはん派の別の友人から「手持ちの土鍋で試して、いけると思ったら炊飯土鍋を買うとか?」との名案が。お試し期間を設けるとはなるほど！　と、仕舞い込んでいた小ぶりな土鍋を引っ張り出して2、3度炊いてみると、すぐにいい火加減、炊き上がり時間がつかめました。みんながいう通り本当に簡単で、炊き立てのごちそう感も最高です。晴れて土鍋ごはん生活と相成りました。

「結局自分の暮らしになじまなかった」となるのが心地よくないので、ものでもなんでも買うまでに時間がかかりますが、その分、手にしたときの満足度は大きいです。

〈暮らしになじむ大きさや重さを探る〉

ずっしり!
ネットでみてイメージしたより大きい〜

\私の場合/

ひとり暮らし、狭いシンクでの扱いやすさを考えて、内ぶたなしの2合用に決定

いつ見てもステキ〜(この気持ち大切にしたい)
乾かすのに出しっぱなしでも美しい〜…
\購入しました/
陶芸家城進さんのアメ釉ごはん鍋2合

新しい習慣を気持ちよく根づかせる

長年の炊飯器生活から、土鍋ごはん生活になりました。懸念していた手間の面は、まずは、お米を1合ずつパックしたものをまとめてストックしておくことで、計量の頻度を減らすことに。わが家のごはんは白米と発芽玄米が半々です。それぞれの米櫃を毎度コンロ下から取り出して計量しなくてもいい、たったこれだけで気分が違います。また、火加減と時間を調整しておこげを作らない炊き方にすれば、水を浸しておくだけでこびりつきもなく鍋底も普通に洗うだけできれいになります。パッキンや蒸気穴など込み入った造りの炊飯器に比べて、シンプルな形の土鍋は洗うのも手入れも想像していたより簡単でした。

理想は毎日炊き立てをいただくことでしたが、それよりも苦にならないほうを選ぶことに。毎回2合炊いて、食べたあとの残りは一膳ずつ小分けにする分、おにぎりにする分と、ふた通りに冷凍しています。

ひとり暮らしだと、ごはんを炊く頻度は多くて週に2回。そのため、炊飯器時代も使わない日は目隠しとほこりよけの意味で蓋つきのカゴに収納していました。土鍋に変わってからも同じカゴに入れて、キッチンにある取り出しやすい棚を定位置にしました。

いろいろ慎重になりすぎていましたが、とことん納得して取り入れた新習慣なので、今後も長く暮らしに根づいてくれると思います。

〈お米はまとめて計量しておく〉

＼3合／　＼2合／

炊飯器から土鍋に変わったら炊く頻度が増えた！
その都度お米を計量する手間をカットする作戦で

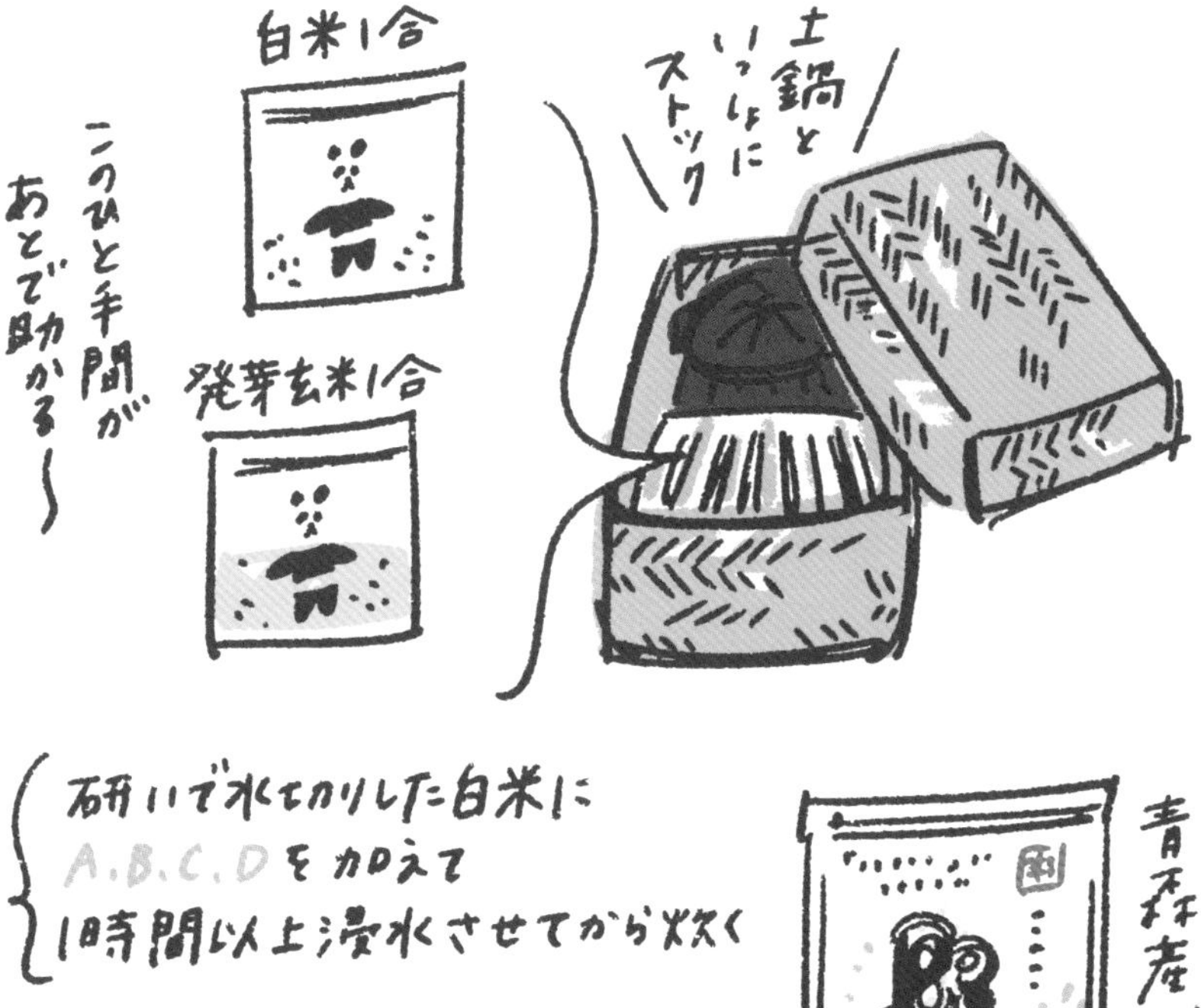
白米1合
発芽玄米1合
このひと手間があとで助かる〜
土鍋といっしょにストック

わが家のごはん
研いで水切りした白米に
A.B.C.Dを加えて
1時間以上浸水させてから炊く

A 発芽玄米
B 黒大豆 大さじ1〜2
C もち麦 大さじ1〜2
D 水 500mlくらい

美仁

青森産、無農薬

SKファーム
つがるもち麦美仁

わが家の冷凍庫に必ずあるのは、おにぎりです。ちょっとしたときに小さな冷凍おにぎりがあるだけで、ずいぶん助かります。

冷凍おにぎりのストックは、以前、個展を開催したときにひらめきました。個展期間中の1週間は、毎日ギャラリーに通うことになるので体力勝負です。高揚感や緊張感とで、1日が終わる頃にはクタクタ……。しっかり食べなくては体力が持たないし、適当に詰め込むだけでは胃腸が疲れ、食事の用意はままならずといった具合。

そこで、前回の個展では会期の直前に、1週間分の大量のおにぎりを作ってみることにしました。おにぎりは手で握ってこそ愛情ともいいますが、そこは割り切って100円ショップで購入したプラスチック製の型でひたすら量産です。衛生的で手早く作れる上に、程よい圧で成形でき、なかなかおいしいおにぎりが作れます。

会期中は、毎朝おにぎりとお味噌汁をいただいてから出かけ、ギャラリーにもおにぎりを持参、お客様が引いているときにささっといただきました。お米パワーで体調を崩すことなく乗り切ることができました。個展に集中したいので、明日の朝のごはんはどうしよう……と考えずに済むことも気持ち的に楽でした。

仕事が忙しいときや、空手の稽古で帰りが遅くなる日、少しだけおなかに入れておきたいときにストックおにぎりが重宝しています。

〈冷凍おにぎりを作る〉

おにぎりの型
100円と思えぬ働きぶり
〈セリア〉
ちょうどごはん一膳で
おにぎり2個に

温かいうちに塩こんぶと
練り梅を混ぜる
ラップに包んで冷凍
のりは
食べる直前に
パリーン

目、骨、肌、腸。大人こそにんじんを食べよう

2022年の夏にコロナに罹患し、完治まで2か月。横になる日が続く中で思ったのは「食生活を見直そう」でした。「栄養たっぷり＝にんじん」とは単純ですが、調べてみると、老眼、骨粗しょう症、シミ消し、食物繊維は不溶性と水溶性の両方を含み、ビフィズス菌も増やすので腸活にも最適、と大人にもいいことだらけ。にんじんの千切りをたっぷり使ったわが家の常備菜をご紹介します。

＼One point／

- 味のなじみがいいのでスライサーの千切りがオススメ
- できれば皮ごといただく

にんじんのクミン炒め

〈火をつける前に〉

クミンシード（お好みの量）
オリーブオイル
にんにく
みじん切り
少々

1 火をつけて香りが立ったらにんじんを入れる

2 塩を2〜3つまみ振って、少し歯ごたえが残るくらいまで炒める（味をみて塩を足す）

3 粗熱が取れたら器に盛りすり黒ゴマをかける

にんじんが隠れるくらいゴマをたっぷり
亜麻仁油をかけても◎

※クミン→免疫力up、美肌、抗酸化etc…

青森の郷土料理 にんじんの子和え

オリーブオイル
にんじん

1 火をつけて、しんなりするまで炒め蒸しする

★水分が足りない時は水を足して甘みが出るまで炒める

2 火を止めてから、たらこを入れる。

（たっぷりがおいしい！）

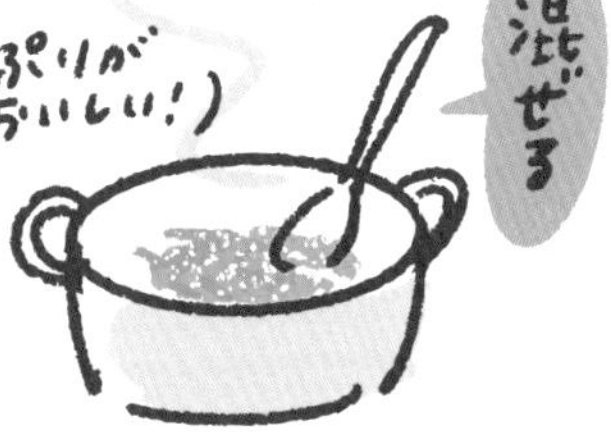
混ぜる

3 弱火でたらこが白くなったらできあがり。

★粗熱をとる

はしがとまらない にんじんのラペ

オリーブオイル
にんじん
玉ねぎ みじん切り 大さじ1〜2
にんにく みじん切り
耐熱皿
混ぜる

1 電子レンジで1分ほどチン。（軽く歯ごたえを残す）

2 調味料を入れて混ぜる

調味酢 大さじ1
塩小さじ1/3 （お好みで）
ゆでたレンズ豆
混ぜる

★調味酢→甘み、塩分、うまみがついた酢

3 粗熱をとり冷蔵庫で冷やす。食べるときにブラックペッパーを。

※レンズ豆→たんぱく質

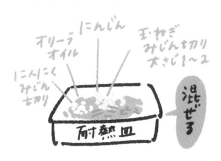

乾物は
ナチュラル
サプリメント

手間なく栄養もボリュームもアップできる乾物は欠かせません。
海藻や野菜の乾物を常時5、6種類ストックして、開封後は酸化と乾燥を防ぐために冷蔵庫で保存しています。

お味噌汁やスープの具のほか、うどんやそばなど炭水化物が多めの麺類の具にも。インスタントラーメンには野菜系の乾物をどっさり入れて罪悪感を帳消しにします。派手さはなくても毎日活躍しています。

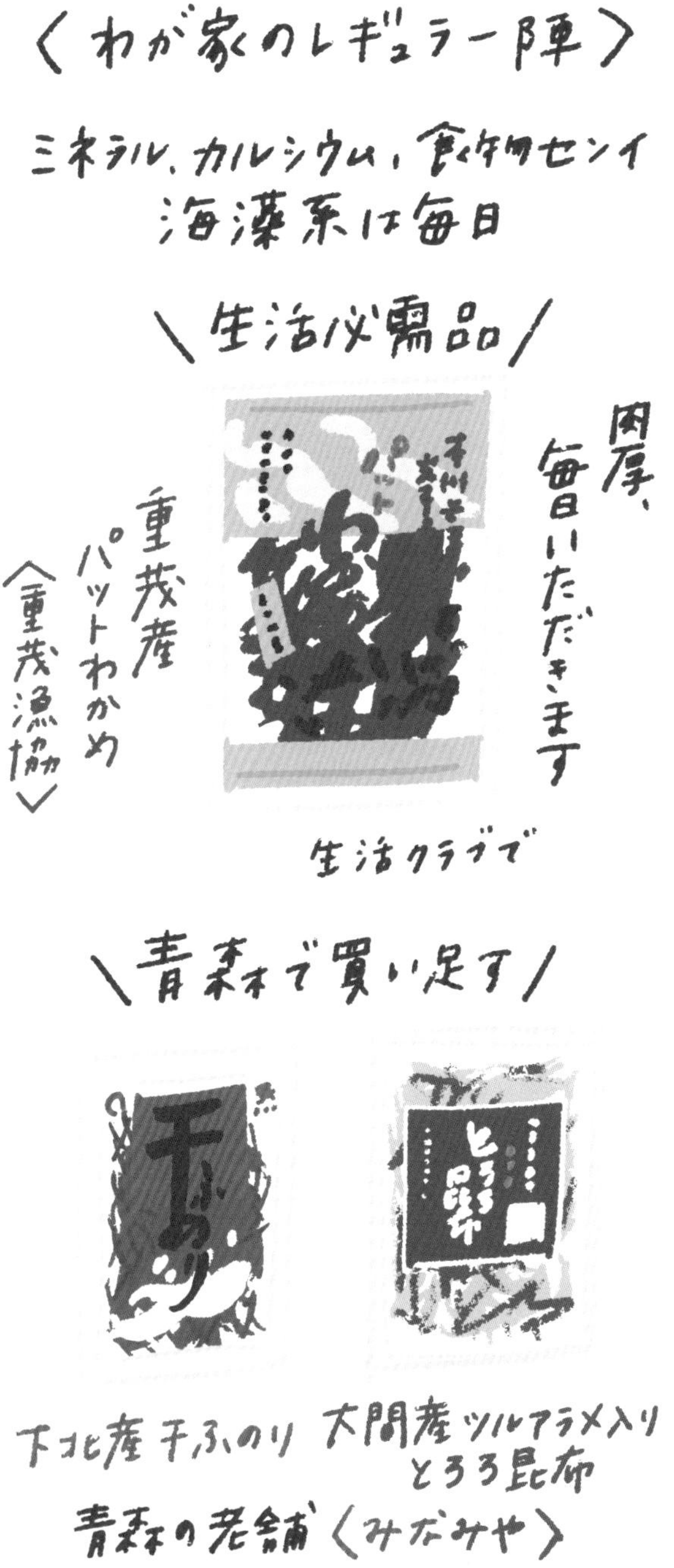
〈わが家のレギュラー陣〉
ミネラル、カルシウム、食物センイ
海藻系は毎日
＼生活必需品／
肉厚、毎日いただきます
重茂産
パットわかめ
〈重茂漁協〉
生活クラブで
＼青森で買い足す／
下北産干ふのり
大間産ツルアラメ入り
とろろ昆布
青森の老舗〈みなみや〉

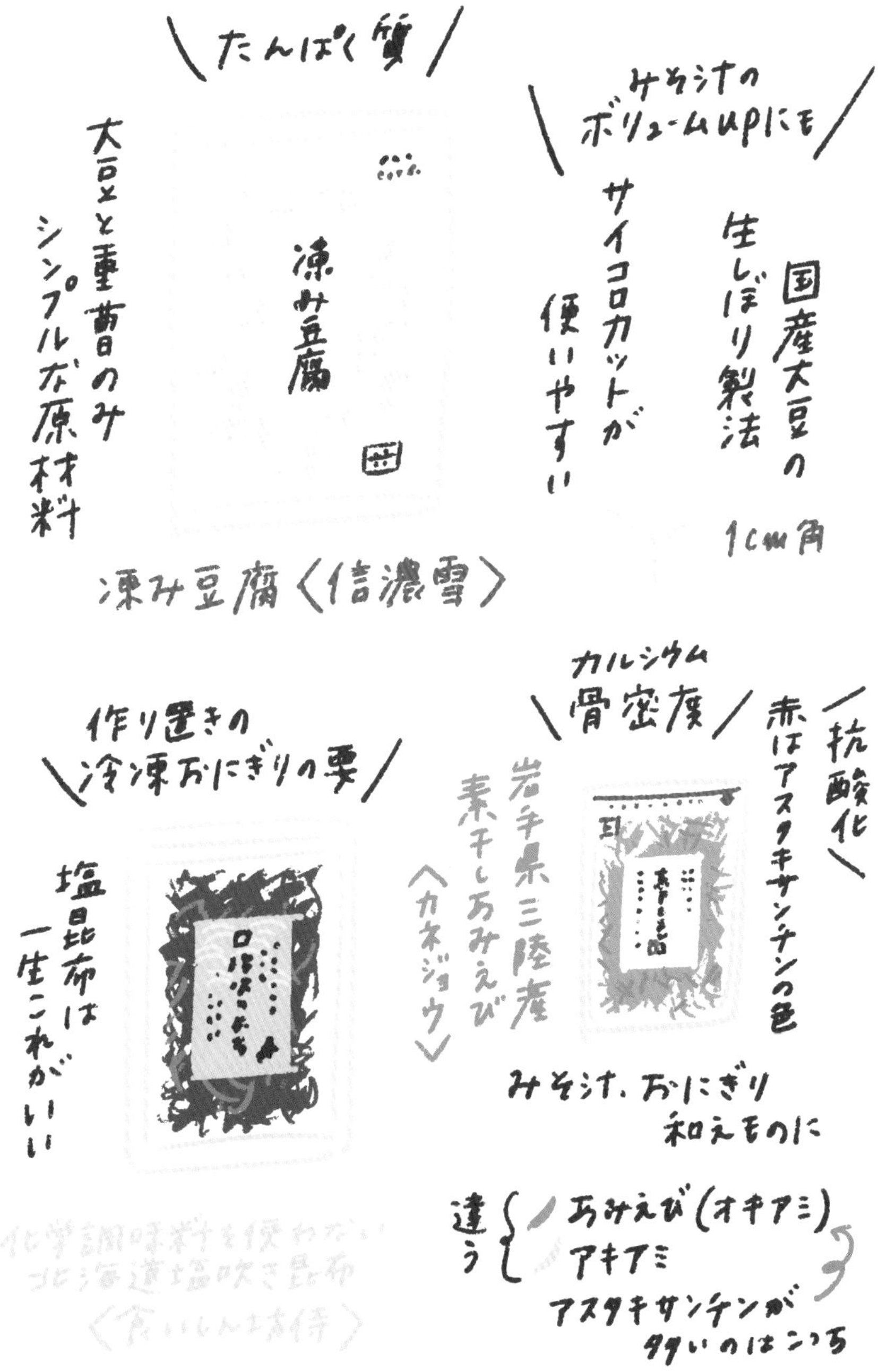
たんぱく質
大豆と重曹のみ シンプルな原材料
凍み豆腐
みそ汁の ボリュームUPにも
サイコロカットが使いやすい
国産大豆の生しぼり製法
1cm角
凍み豆腐〈信濃雪〉
作り置きの 冷凍おにぎりの要
塩昆布は一生これがいい
化学調味料を使わない 北海道塩吹き昆布
〈食いしん坊侍〉
カルシウム 骨密度
岩手県三陸産 素干しあみえび
〈カネジョウ〉
抗酸化
赤はアスタキサンチンの色
みそ汁、おにぎり 和えものに
違う
あみえび(オキアミ)
アキアミ
アスタキサンチンが多いのはこっち

知らぬ間にダイエット。おそるべしシークヮーサー

空手道場の夏休みが終わり、久しぶりに稽古へ出ると、立て続けに「痩せた」といわれました。休みの間は家にいることが多くて、食事もおやつも普段以上に食べていたので、夏休み太りしたかも……と思っていたくらいでした。さらに、久しぶりの稽古で、いつもであれば翌日は筋肉痛必至。でも、翌朝の筋肉痛や疲労感がほとんどありません。少し不思議に思いました。前夜にストレッチやマッサージをしたのもありますが、もしかしたら？　と思い浮かんだのは「シークヮーサー」です。

というのも、旧知の編集者さんがすすめてくださったシークヮーサー原液果汁を、夏休みに入る前に取り寄せて3週間、毎日飲んでいたのです。筋肉痛と疲労感がない理由はそれ以外思い当たりません。こうなると、確証を得たくなる癖が発動。

調べてみると、シークヮーサーは栄養も効能もてんこ盛りのスーパーフードでした。クエン酸量はレモンの2倍。筋肉に溜まった乳酸（疲労物質）を分解して、脂肪燃焼を促進。血糖値や血圧の抑制……と体にいい食べ物の見本のようなワードがずらり。少し苦味のあるさわやかさがおいしくて、飲み続けていたら知らぬ間にダイエット。そして夏バテもなし。バンバンザイです。

私にとって快適な体型と体重は、洋服が気持ちよく着られること。これを目安に〝痩せ〟はほどほどに、女性らしいやわらかな脂肪のしあわせ感も大事にしたいです。

\シークヮーサー果汁/
〈まずは炭酸割り、からのバリエーション〉
朝のシークヮーサー
withスゴイダイズ
豆乳でもOK
スゴイダイズ
ほぼ「ジョア」レモン味
1.5ℓ
大宜味シークヮーサーパーク
専門店のシークヮーサー果汁100%
夜のシークヮーサー
withウォッカ、炭酸水
*割合はお好みで
ほぼ「キリン本搾り」
青切り果実
マメ知識
収穫時期で
二種類に分けられるそう
完熟
11~12月
青切り
9~10月
栄養価が
高いのはこっち
*朝の白湯にシークヮーサーも
おいしいです〜

おやつもお酒も我慢しない。やんわりしたルールで楽しむ

おやつとお酒の時間が毎日のささやかな楽しみです。

おやつは、仕事にひと区切りつけた16時頃、コーヒーと甘いものをいただくことが多いですが、この時間を大切にしたいので、仕事をしながらというのはなしです。いったん、仕事から体も頭も離れるほうが気分転換にも休息にもなります。

お酒は、お風呂もヨガも終えて、あとは寝るだけというタイミングに。すべて終えたあとのお酒は格別で、このひとときのために1日頑張るといってもいいくらいです。

食べすぎ飲みすぎに気をつけていたこともありますが、今はポイントだけおさえればOKということにしています。

おやつはダラダラ食べ続けないこと。長い間、チョコレートを1日中ちょこちょこつまむのが癖になっていました。これは血糖値が上がった状態が続くということで、糖化をひき起こす原因にも。シミやシワ、動脈硬化、骨粗しょう症……糖化がもたらす体への影響は多大です。買い置きをやめたらダラダラ癖もなくなりました。

お酒はワインが多いですが、寝る前のおつまみを習慣にしていいことはなさそうなので、おつまみはほとんど食べません。胃の粘膜をカバーするイメージで「スゴイダイズ」を1口飲んでから、つまみたいときは素焼きのアーモンドや生くるみを少し。

毎日食べて飲む代わりに、抑えどころは決めて気分よくいただきます。

＼おやつもお酒もメリハリ／

〈ストレスフリーにつきあう〉

とはいえ
無性にポテチを
つまみたい
夜もある
ザクッとポテト
こだわりの塩
〈ローソン〉
そんなときは
食べる！
連日続けない、
習慣にしなければOK

外食、人を招いての家ごはんは
逆にダラダラ飲みが楽しい
飲めや
うたえや
一日食べ
飲み続けるのもOK

Column

新しい扉が開いた日

近所の生協の冷凍食品売り場で、高齢の女性が「これおいしいわよ」と、中華まんをすすめてくださったことがありました。温かいやりとりがいいな、でも自分が声をかける側になるにはもう少しベテランのおばさんにならないと無理かも、と思っていました。

ところが先日、超・愛飲している大豆飲料を買いにスーパーへ出かけたときのこと。両手に豆乳を持って、見比べている同世代とおぼしき女性がいました。「すみません」と横から手を伸ばし、私は目当てのものを手にレジへ。気になり振り返ると、女性はこの大豆飲料が気になったのか手に取って見ています。

一瞬ためらいましたが、踵を返して「それすごくおいしいですよ」と声をかけてみました。

「そうなんですか」と女性の顔がパッと明るくなるのを見たら、止まらなくなりました。「ミルクみたいで、豆乳が苦手な人でもおいしいと思います」。さらに「ここはほかより１００円は安いです」とまで。少しやりとりをしてすぐに退散しましたが、生協で交流したおばさまの気持ちがよくわかった瞬間です。本当においしいから飲んでほしい、この気持ちを我慢できませんでした。

更年期のおいしい必需品

はじめて飲んだ日から
これひとすじ
濃さが違う!
スゴイダイズ
まるごと大豆飲料
たんぱく質
イソフラボン
食物繊維
無塩のトマトジュースと
1:1で割るとおいしい
ビューティードリンクに
わが家の備蓄品
常に3本ストック

スゴイダイズ
〈大塚食品〉

大豆をしぼる過程で出るおからが取り除かれたのが豆乳。
スゴイダイズは、おからまで使用した「まるごと大豆飲料」です。

小さすぎず大きすぎず、自炊率高めのひとり暮らしにちょうどいいサイズの冷蔵庫は意外に少ないのです（P100）。

糠を足すと一時的に菌の活性が低下するので、漬けるその都度、少量の糠を足すと発酵が安定しやすい、と友人のお母さまに教えていただきました。足し糠を容器に入れるアイデアも真似ました（P100）。

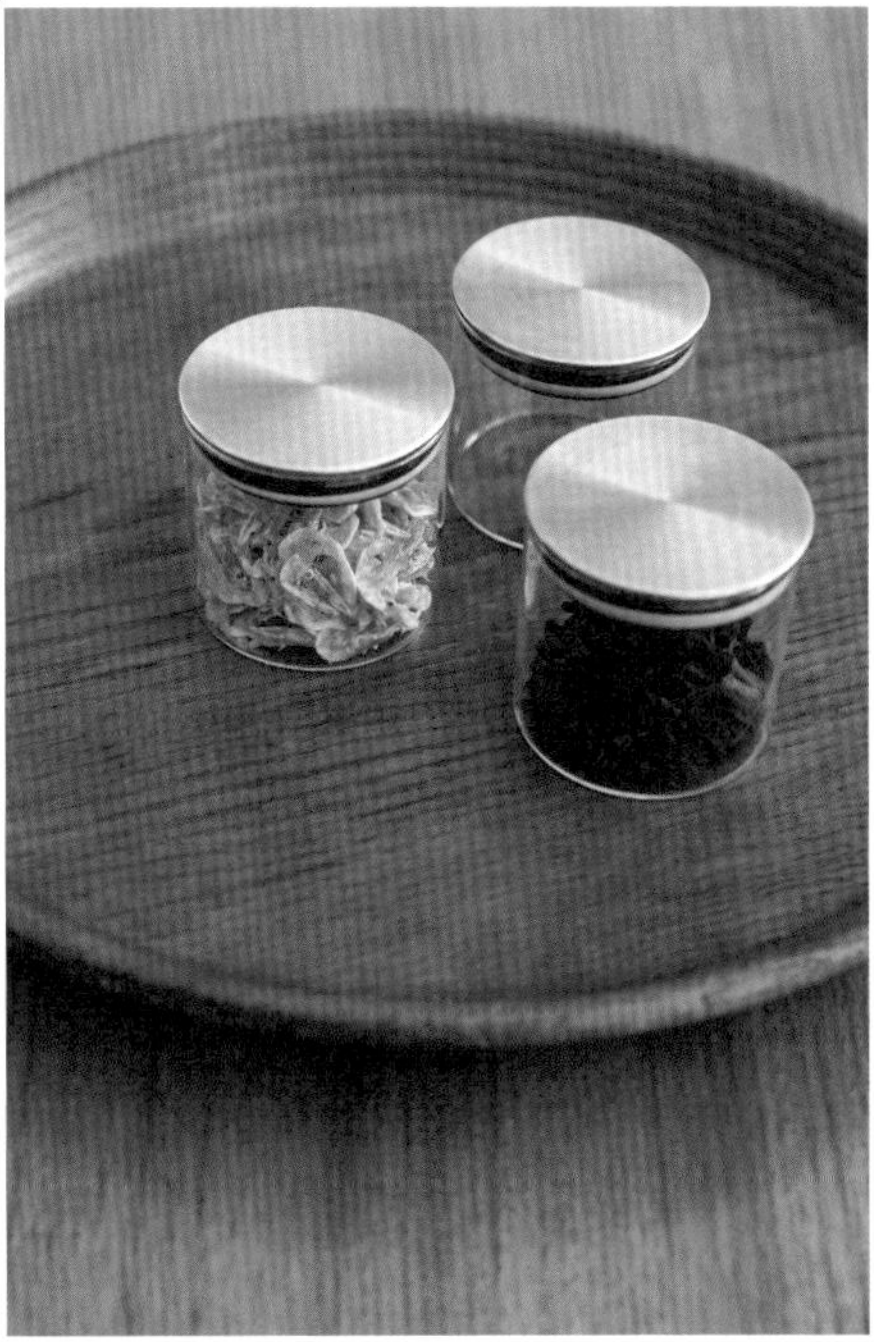

使う頻度が高く、袋からも取り出しにくい乾物は、DAISO の小さなジャーに入れて冷蔵庫に。

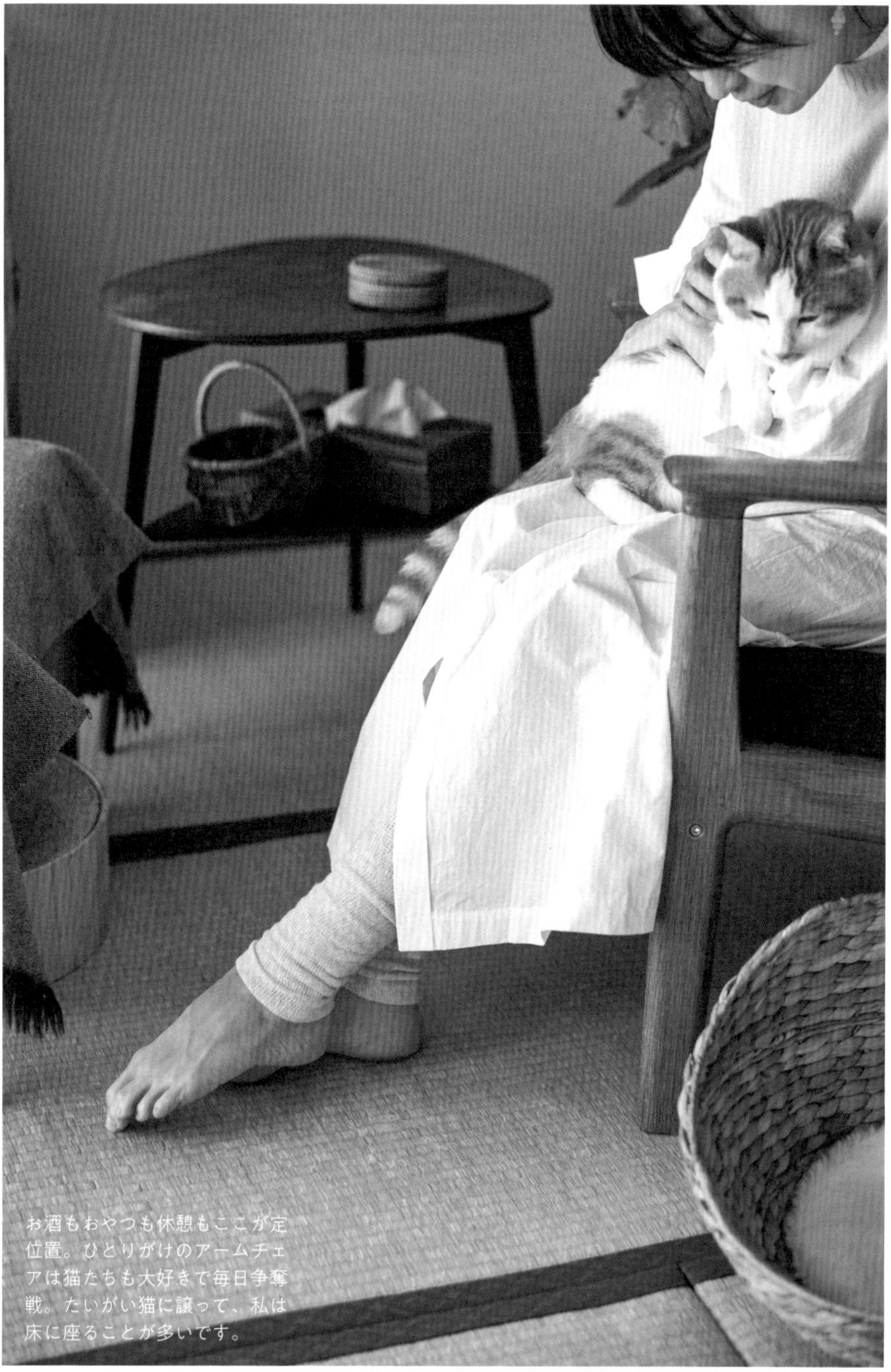

お酒もおやつも休憩もここが定位置。ひとりがけのアームチェアは猫たちも大好きで毎日争奪戦。たいがい猫に譲って、私は床に座ることが多いです。

キャットタワーは猫たちが外の様子を見られる場所に設置。アームチェアからも見渡せるベストポジション。

仕事の合間の休憩は、デスクから離れます。おやつをいただきながら YouTube を観る時間が至福（P114）。

土鍋は、実物を見て大きさや重さを確認して選ぶほうが安心。ネットで購入する場合も、サイズ感を十分シミュレーションして。

冷凍用のおにぎりは、塩昆布と練り梅を混ぜて。すぐに食べるおにぎりには、さらに素干しのえびやすりごま、生くるみもプラス。生くるみは「カルディ」で購入しています（P106）。

仕事柄、座っている時間が長いので、１日２食が胃腸にもちょうどよく感じます。朝は、果物と番茶が定番。追熟させる果物も景色として楽しみます。

久しぶりに日記をつけはじめました。5年日記は1日に書けるスペースがわずか4行、気負わず続けられそうです。忘れやすくなったので備忘録として、仕事のネタ帳としても。

第4章

心をととのえる

空手が教えてくれた体と心の変化

高校時代の部活動ではじめた空手を、40代で再び習いはじめて丸8年になります。長いとも短いともいえない年数ですが、長続きしなかった過去の習い事歴を思うと、8年も続き、楽しさが増していることに私自身驚いています。

この間には、仕事やコロナ禍で稽古ができない時期もありました。少しのブランクで体力や筋力はあっという間に落ちます。50代はより顕著で、そんなとき、空手がいかに心身の支えになっているのかを感じます。

いったん落ちた体力や動作の感覚も、再び稽古を重ねれば少しずついい状態に戻ります。な

〈意外に役立っていること〉
ベルトの穴の位置の変化がメタボのバロメーターにされますが
私にとって空手の帯がそれです
キュ
3か月前
今後、余りが短くならないことを目標に

にごとも、やめさえしなければゼロにはならない。と思うと、空手もこれからたどるさまざまな下降も自分次第、できるだけなだらかにしていけそうな気がしてきます。

大会への出場も、今は稽古を続けるモチベーションになっています。試合の緊張感やプレッシャーは、日常ではなかなか味わうことのない類の感情ですが、なぜそんな思いをしてまで挑戦したいのかと考えることがあります。

いちばんは、技術的にも精神的にも、わずかでも上達できているか知りたいという好奇心です。よい結果が出ればもちろんうれしいですが、そうでない結果であっても、やっぱり挑戦してよかったという思いが最後に残ります。

少し痛めやすくなった足腰を労わりながら、長く続けていきたいと思っています。

〈老後に役立ちそうなこと〉
反射神経の卯によって、
転びそうになっても
持ち直す
あ！
パッ
グイン
足首をひねっても
挫かない
脚力と筋力は宝

手を差し伸べられる人でありたい

何年も前のことですが、空手の大会会場で、それはもう派手に転んだことがあります。観覧席エリアの階段でつまずき、大勢の人の前で醜態をさらすことになりました。恥ずかしいし痛いし、見てはいけないものを見るような視線もショック。ともかく席へ戻ろうとしたとき、遠い座席から「柿崎さん、大丈夫ですか!」と、声をかけてくれた人がいました。道場生の男の子のお母さんです。さらに、私が座席に着くと再び振り返って、笑顔で小さく手を振ってくださいました。

転んだことは些細な出来事ですが、このやりとりにずいぶん救われ、温かい気持ちになりました。大勢の観客の中で声を上げるのは、結構勇気がいることです。自分だったら咄嗟にできるかな？　とも思いました。

この日思い出したのが、離婚前後の時期のことです。ふたつはまったく違うようで、私にはつながるものがありました。

当時は精神的に脆くなっていて、温かさもその逆も、人の心の奥底が透けて見えるかのように敏感になっていました。観覧席に座りながら、あの頃手を差し伸べてくれた人たちの顔が浮かびました。……転んだショックから感情が入り乱れ、ずいぶん過去にワープしてしまいましたが、今後、今日の自分のような状況に出くわしたら、お節介でも自己満足でも、サッと手を差し伸べられる人でありたいと思ったのでした。

駅へ向かう道で
下着が丸見えの女性が
電車に乗る前で
よかった

手を差しのべなくてもよかったこと

小学生の女の子に
遠くからニコニコ
手を振る中年男性が
心配になって
あのおじさん知ってる人?
パパ!
本当
ごめんなさい。
私のほうが不審者になる
ところでした

「伝える」ということについて。自分の言葉を振り返る

30代で続けてイラストエッセイを出版して、10年ぶりの著書となったのが前作です。ブランクもあり、大人といわれる年齢の50代を迎えようとしていた時期に、再び本を手がけることになったら……実はとても苦戦しました。

かつては、若い感性で興味や好奇心を、心のままに等身大で書くことが自分らしさだと思っていました。それでよかった、というよりそれがよかったのかもしれません。そして今回も、簡単ではないけれど「あの頃のように」書けると思っていました。

これは大変、と思ったのは実際に書き出してから。原稿にまったくOKが出ないのです。理由はいろいろで一言で表すのは難しいですが、つまりは「伝わってくるものがない」（心にグッとくるものがない）ということです。

理解して受け止めるまでには、時間を要しました。でも、そこからは編集者さんと何度もやりとりを重ね、本を作り終えたあとは、ものの見え方がまるで変わってしまったような感覚でした。伝えることの難しさと向き合い続けたら、自分がこれまで発してきた言葉やコミュニケーションはどうだったのかと考えることも増えました。

どんなに言葉を尽くしても、意図した通りには伝わらず、違ったように受け取られてしまうのは避けられませんが、きっとこれまで、話すときもメールも、SNSの文章ひとつとっても、独りよがりだったことがたくさんあったのだと思います。

私は、普段の会話でも「笑わせたい」気持ちがつい働いてしまうのですが、自分ではユーモアのつもりが、誰かを傷つけることも、余計な一言になってしまうこともある、ということにも今さらながらハッとしました。

言葉が足りないのも同じです。

以前こんなことがありました。経験がないことを頼まれたので、できるかどうか熟考してから返事をしたいと思い「ちょっと考えてみますね」と伝えました。でも、それがあとになって「嫌な顔されちゃった」と受け取られていたことを人づてに知りました。そのときはショックでしたが、私も言葉が足りなかったのだと思います。「やったことがなくてわからないけれど、ちょっと考えてみますね」

頭の中はこうでしたが、口に出したのは断片だけ。せっかく気持ちがあっても、伝わらなければないものと同じです。考えてみれば、このときにたまたまそのことを耳にできたのはよかったことで、これまでにも結構あったのかもしれません。

ひとりで考え、内観することは結構得意だと思っていました。でも、当然ながら人との関わりの中でしか気づけないものもあって。考えすぎると言葉を発することが怖くもなりますが、それは生かすほうへ！

本作りの過程において、大切なことを教えていただきました。

「なんとなく不安」をやめる。今より少し気楽になる

雑誌などのインタビューで、不安やモヤモヤの解消法、乗り越え方を尋ねられることがあります。それだけ多くの人が難しく感じているテーマなのかもしれません。

私は、まずそのモヤモヤや不安がどこからきているのか探ります。するとたいていの場合は原因や理由が見えてくるので、それに合わせて対処方法を変えます。

原因が取り越し苦労の場合は、シンプルに考えるのをやめます。たいがいは、くよくよする必要がないことだったりします。「はい終わり！」と手を叩く、声に出すのも切り替えやすい方法です。

また、先送りにしていたことが、重荷となっている場合もあります。面倒、苦手という理由で、私もよくあります。そういうときは日を決めて、一気に片付けると、達成感と解放感が待っています。それを味わいたくて、重い腰を上げることも。

漠然とした不安には運動や掃除、断捨離など、思考をストップして体を動かします。

不安なときに「ポジティブに！　行動あるのみ！」といわれるのはやっぱりつらいし、私もできません。目指すのはポジティブではなく気楽。磨耗するほどモヤモヤを長引かせないことです。ちょっとだけ深く自分の気持ちをのぞいて、思いグセを認識すれば、今よりも少し気楽になれます。年の功という経験値を活かして、自分で対処することを癖づけると、悩みにくい体質に改善できそうな気がします。

〈まだまだある！モヤモヤ解消法〉

寝る

寝不足では
明るい考えを
浮かびにくい

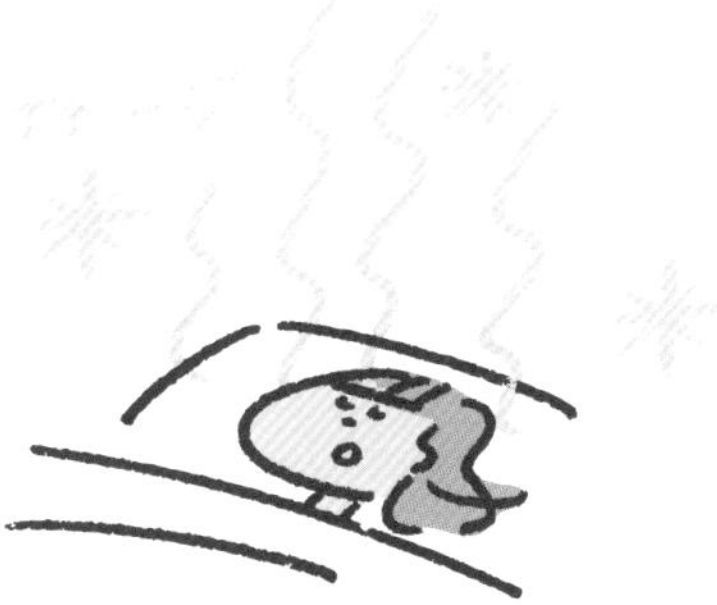

シンプルな疲れは
寝るに限ります。
忙しくても、寝ます

更年期の影響を疑ってみる

ホルモンに
支配されている
可能性も。
ホルモン補充療法や
漢方が
一助になることも

お清めそうじ

玄関のたたき、
トイレをキレイに。
キレイになると心も晴れる
同時に運気アップも
はかりまーす

〈お神札だけの時と変わったところ〉
神棚（のつもり）をしつらえたら
気持ちを向ける方向が定めやすくなった
板
時に反省
時に決意
稀にお願い
常に感謝
いつかは神棚を…

心を映す新しい日課。平穏というしあわせ

ここ1年で、神棚に手を合わせる日課ができました。以前から、お神札を祀っていましたが、すがりたいときには手を合わせ、調子がいいときは忘れ……と、大切にしているとはいえない状態が心に引っ掛かっていました。せめてもの気持ちから、小さな板にお神札を載せて神棚に見立てることに。場所は、押入れの襖の上。お供物もなく正式な祀り方ではありませんが、大切にしたい気持ちが増したら、毎朝、自然に手を合わせるようになりました。

毎日のことになると、心のざわつきや浮き沈み、疲れなど、その日の状態や体調に敏感にな

〈お詣りは氏神さまと、赤坂日枝神社へ〉

毎年、友人と日枝神社へ初詣。
お神札をいただいて、おみくじを引くのが恒例

お詣りのあとは新年会
お〜
吉
中吉
今年も楽しもう
お神札

りました。短い時間でも、日々の変化を感じ取れる時間が生まれたことがうれしいです。

小さな神棚の前で、まれに、静かに満ちた気持ちに包まれることがあります。人間関係が良好で、自分自身にも家族にもこれといった問題がない平穏な日常。満ち足りた気持ちをたどると、ここに行きつきました。おそらくこれからも変わることがなさそうな、私にとってのしあわせの基準なのかなと思っています。翌日にはまた、誰かの素敵な暮らしぶりを見て羨ましく思ったり、あれもこれもほしい！　なんて思うこともしょっちゅうですが、平穏な日はまた来ます。

朝起きて、猫たちのごはんを用意して、お茶を淹れ、いつものイスに座る前に手を合わせる。欠かせない大切な時間ができました。

ＹｏｕＴｕｂｅで「私」を発信する。好きや得意を仕事に

ＹｏｕＴｕｂｅで『50代からの私らしい暮らし方』と題した、Ｖｌｏｇ（動画ブログ）配信をはじめたのは２０２２年3月です。

撮影にも編集にも不慣れで、動画1本の制作に時間がかかりすぎたこともあり、1年間で投稿した本数はたったの４本ですが、やめないことを目標に今も心は継続中です。

ＹｏｕＴｕｂｅをはじめた理由はふたつあります。ひとつは、これまでのように仕事を受け身で待っていては、埋もれてしまいそうな危機感を持ったことです。出版業界に活気があった頃はそれでもよかったのかもしれません。でも、今後はもっとシビアになっていくはずです。キャリアに甘んじて待つ姿勢をやめて、改めて「私はここにいます」と自分で発信することにしたのです。名前も顔も出して自分の家まで見せることには勇気がいりましたが、イラストレーターとして個人として、活動できる場を増やしていこうと決めました。

もうひとつは、時間はかかりますが収益化です。正直にいえば、数年前まで、イラスト以外の仕事をすることには抵抗がありました。でも、今は収入源を複数持つのは普通のこと。自分が望めば、ですが、これからはそのほうがいいと肌身で感じています。自分が得意とすることを惜しみなく活かして、４本足、５本足で立つ60代をイメージして、日々楽しみながらできることを考えています。

〈YouTubeの副産物あれこれ〉
怖いくらい自分を客観視できる動画。
目を背けず受け止める…！
＊私はVlog（動画ブログ）のスタイルで発信しています
モノの置き方、荒い！
ドンッ
すんごいムシャムシャ食べてる〜
姿勢はよいかも！
いい所は認める
ピシ
ふだんから気をつけよー
汗
動画編集を覚えられたのはよかったこと！
次はプロ仕様のソフトをマスターしたい
チャンネル登録、グッドボタン、（いいね）コメント、よろしくお願いします！
宣伝！
5件のコメント
コメント、いいね！は本当〜にうれしい!!
ありがとうございます

Column

30年目のバトンタッチ

最近、仕事用のイスをようやく買い替えました。毎日、長時間体を預けるものなので、心地よくて疲れないことを第一条件に、デザインと値段、すべて満足いくものを探しはじめたら、なかなか時間がかかってしまいました。

結局、仕事用にはそれ専用のものが理にかなっているはず、というポイントで決めたら大正解でした。

それまで使っていたのは、30年前に買った中古のイスです。

東京でのひとり暮らしも3年目を迎えた頃、練馬区の江古田という街に引っ越しをしました。駅へ向かう途中にあるリサイクルショップの店先で、古い木製のイスを見つけ一目惚れ。その少し前に実家で譲ってもらった折りたたみ机に、そのイスを合わせて使うことにしました。アルバイトをしながら、いつか絵の仕事をしたいと夢見ていた私は、ひとり暮らしの部屋に、はじめて絵を描くための机とイスが揃ったことがとにかくうれしかったのを覚えています。

長い間、座り心地は完璧ではありませんでしたが、気づいたら30年。愛着は相当です。

現在はダイニングでお客様を迎えたり、猫たちのおやすみ処として活躍しています。

ヤフオクで

満足いくイスに出合う

いつのまにか
足を組まなくても平気に
広い座面がお尻、ももをすっぽり支えてくれるせいか背中、腰が楽になった
イスが安定して、心新たにがんばろうという気持ちに
30年もののイス
堅牢、現役

イームズ アルミナム グループ
マネジメントチェア〈ハーマンミラー〉

正規品の定価は約 40 万円。
購入したものは展示品（ショールームの備品として使用）のため状態もよく新品同様。
ヤフオクで 13 万円で落札。

いいにくいことも伝えあう関係。ありがとう女友達

20代からの長いつきあいになる、3歳年上の友人がいます。普段、年の差を意識することはほとんどありませんが、加齢に伴う体の変化は、たいてい、その友人がひと足先です。私がそれに続くという図式で、老眼もホットフラッシュも実際に自分が目の当たりにして、コレは何年か前に友人がいっていたアレかも！　と思い出し、慌てずに済んだ、ということがこれまでに何度もありました。

そんな友人は、不調は放置せず徹底的に究明するタイプ。あの症状には漢方がテキメンだった、こんなときは様子を見ずに検査を受けたほうがいいとか。エクオール検査（P22）も、今ほど浸透していなかった時期にいち早く受けていました。

今は、お互いに更年期真っ只中。しょっちゅう情報交換をしていますが、最近はさらに一歩進んだ話に。それは、会話に老化を感じたら、遠慮せずに伝えあおうというもの。回りくどくなった、同じことを何回も話す、チグハグなど。長いつきあいであるほど、変化にもまた気づきやすいはず。なかなかいいにくいことではありますが、お互いに信頼をしているからこそできる話だと思います。

直近では、60代以降の働き方や仕事のことがホットな話題です。これもまた友人がひと足先に直面しているテーマですが、遅からず、私も向き合うことになるはず。いいにくいこともいいあえる友人関係のありがたみは、年々増してきています。

〈眼瞼下垂《がんけんかすい》手術後の友人に会ったら
5歳若返っていてびっくり！いったい何が…！〉

※眼瞼下垂→眼を開ける筋肉や膜が弱り、まぶたが下がり見にくくなる病気

＼こういうことでした／

手術して目がパッチリ、スッキリ

うれしくて久しぶりにキレイ欲が湧いてきた

美容系YouTubeチャンネルで情報収集

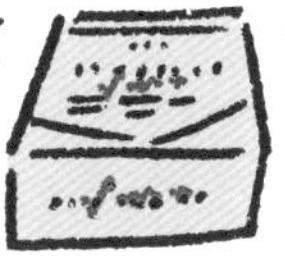
ルルルン
ハイドラVマスク

毎日、朝晩シートマスクで保湿を

白髪染め、サロンでたまにするより市販のものでこまめにリタッチ

入院食で快腸になり腸活もはじめる

3か月ぶり〜
肌がピンッとツヤツヤ
体をスッキリ
髪がふんわりツヤツヤ

感動！
美は気持ちひとつ、キレイ欲は連鎖する！

今、パートナーシップについて思うこと

試しに、ネットで「猫と暮らす 50代 独身女性」とタイプしてみたら、予測変換でトップに出てきたのが「寂しい」というワード。

今どきは、案外気楽そうに見られるのかなと思っていましたが、寂しそうに見えますか？

41歳で離婚をしてから、ひとり暮らしに同棲と、40代は環境が何度か変わりました。

そして、数年前に長くおつきあいした方とパートナー関係を解消してからは、独り身のひとり暮らしです。

ありがたいことですが、これまで友人関係で悩むことはあまりありませんでした。でも、同

じ近しい人間関係でも、パートナーシップを築くことは別科目。

時折、苦楽を分かち合えるパートナーがいたら？　と想像することがありますが、同時に、自分のペースが確立されすぎた今、誰かと暮らすのは難しいのかなという思いもよぎります。年齢なりの経験をして身構えることはなくなっても、私にとってちょっと難しいテーマといえます。

現在は、猫との暮らしが本当に穏やかで満ち足りています。猫たちがいると、寂しくなる暇がないというのもあります。もちろん猫もパートナーも寂しさを埋めるためではありません。

このままひとりでいるのもよし、今後、今の思いが覆されるようなご縁があれば、それもまた豊かな人生かもしれません。今は、自分が選んだこの暮らし方を楽しんでいます。

猫と暮らすこと。ぜんぶ愛おしい日々

それまでまったく考えたことがなかった猫との暮らし。動物と暮らす今の生活に、自分がいちばん驚いています。数年前、友人の留守中に飼い猫の世話をしたことから、猫がいるこんな暮らしもいいなぁ……と、淡い想像をしたことがあります。でも、そのときはペットの飼育禁止の賃貸住まいで現実味はありませんでした。

数年経って、50歳を目前にしたとき、長く住んだ東京を離れて環境も暮らし方もガラリと変えることにしました。

「これを機に、猫との暮らしをはじめるのもいいかも」と、ペットが飼える賃貸物件を探すことに。総数自体が少ないペット可物件の中から、自分が描く理想の場所、家を探すことには苦労しましたが、ここ！　と思えたのが今の住まいでした。

引っ越しをしたのはコロナ禍で、前作の制作中でもありました。里親募集サイトで見かけて運命を感じた猫、まるお（現在3歳半）に会うために、保護猫の譲渡会へ出向いたのは引っ越しからさらに1年後です。

猫との暮らしを決めたときから、猫好きな人に話を聞いたり、ＹｏｕＴｕｂｅを観たり、本で読んだりして知識だけは蓄え続け、いよいよ、まるおとのリアルな暮らしがはじまりました。何もかもがはじめてのことばかりで、最初は触れ方も抱き方もおぼつかず、病院へ連れていくのにキャリーケースへ入れることもできませんでした。

それでも、一緒に生活をしていく中で、加減や接し方、距離感が少しずつつかめるようになっていきました。

まるおが家族になってから1年半後。同じ保護活動団体からやってきたのが、しろちゃん（現在２歳）です。おっとりしたまるおとののんびりした暮らしが、活発なしろちゃんが来たことで俄然賑やかになりました。マイペースにひとりっ子を満喫していたまるおにとって、しろちゃんの登場は青天の霹靂だったのかもしれません。変化に慣れるまで少し心配な様子もありましたが、今はわちゃわちゃしながらも仲良くやっています。

まるおのときもしろちゃんのときも、保護主さんたちに気兼ねなく相談できたことが、猫初心者の私にとって大きな安心でした。

ひとり暮らしと猫、さまざまな変化

猫と暮らすことで、日常も私の気持ちも変わったことがたくさんあります。ひとり暮らしの期間が長く、ずっと自分のペースで気ままに過ごしてきました。でも、猫との暮らしで、それはすべてといってもいいくらい変わりました。

仕事がのってきたと思ったら、ごはんや遊びのリクエスト。朝方、追いかけっこをして体の上でドタバタ……目が覚めるのはよくあること。ごはんの支度ができて、さぁ！　いただこうと思ったら、トイレの臭いがぷ～ん。トイレ掃除が優先です。

マイペースな生活は見事に崩れましたが、日常に程よく共同生活的な秩序が生まれたことも、自分だけに向けてきた意識を、ほかにも向けられる愛おしい存在ができたことも、私にとって喜ばしいことなのです。予期せぬことや思い通りにならないこともすべて「いい」と思える寛容さのメモリが増えたことが、いちばんの変化かもしれません。

当たり前ですが、猫は生き物。楽しい、かわいい、癒されるだけではありません。食欲やトイレなど、少しの変化が気になったり見守ったり、命を預かる責任の重さも感じています。

ごはんや猫砂、ペット保険など、経済的にも担うものは増えます。これまで何度か病院で診てもらうことがありましたが、診察料に検査費、薬代。人間の病院代よりもたいてい高額で、情報として知ってはいましたが、毎回新鮮な驚きです。

猫たちが最期まで健康的に暮らせるように、まずは自分の心身の健康が第一。仕事も頑張ろう！　と、そのたびに誓いを新たにするのです。

ずっと続けてきてよかった！実感していることリスト

・入浴、湯船に浸かること　P42

ずいぶん昔、ダイエット目的ではじめました。今は、体調や肌、睡眠の質、メンタル、オーラまで、温めて巡りをよくすることは、あらゆるものの質を上げると実感。

・化粧水、保湿　P66

若い頃は、ヘチマローションなど安価なものでも、たっぷり使って丁寧に浸透させるのが大好きでした。今も変わらず大切にしているプロセスです。季節や体調で多少の揺らぎも年齢なりの衰えもありますが、わりと強い肌に育ちました。

・家ごはんは粗食、お味噌汁ファースト

暮らしも人間関係も年代でさまざまな変化はありましたが、食生活だけはひとり暮らしをはじめたときからあまり変わっていません。煮る、焼く、蒸すのシンプルな調理法で野菜や納豆は毎日。卵や豆腐は頻繁に。肉と魚はときどき。これにごはんとお味噌汁。最近、糠漬けが加わってさらにバランスよしです。急に血糖値を上げないために、食事のひと口目は炭水化物でなくお味噌汁の具から。これも長年の習慣です。

その分、人をもてなすときや外食は、食べたいものをいただきます。実は揚げ物が

大好きで、バーガーキング（ファストフード）も大好物！　たまに弾けても、またいつものごはんに戻る。これくらいがちょうどよく、ストレスなく過ごせます。

・**歩く、階段を使う**

これも若い頃にダイエット目的ではじめたことです。最寄り駅の数駅手前で降りて、歩いて帰ることなどはよくしていました。駅やスーパーで、エスカレーターと階段が並んでいたら、迷わず階段です。地下鉄駅の100段もありそうな階段はチャンス。続けているうちに、自動的に階段に吸い寄せられる体に変わります。

・**背筋を伸ばす**

20年前、自著第一号となるイラストエッセイのまえがきにこう記しました。「『キレイになりたい』と思っている女性になにかひとつおすすめするとしたら、それは『姿勢を正すこと』。これほど簡単で手間も時間もかからずに、体にも心にも即効性があるものはないと思っています」。今回久しぶりにこれを読み直し、我ながら感心すると同時に、思わずスッと背筋を伸ばしてしまいました。「背筋を伸ばす」という言い方も補足して、最後にもう一度これをお伝えしたいと思います。

おわりに

50代の私が、衰えを感じて云々……そう聞いたら「50代はまだまだ若い」とおっしゃる方もいると思います。

84歳になる母は「10年前はぜんぜん若かった」といいます。

思い返すと、たしかに階段の上り下りも速くて、サッと動くし、70代としては若々しい動きと体力でした。

今回、写真を撮影してくださったカメラマンの河内彩さんは30代です。

はじめてお目にかかったとき「前より疲れが取れなくなった」とおっしゃっていました。

30代はなにもかもがピチピチしているとしか思えませんが、きっとそれも誰かとの比較でなく、1年前、3年前、10年前の自分と比べて感じている、そのときの素直な気持ちなのだと思います。


「人と比べて落ち込まない」こと。

落ち込みそうになっても、そうならない術は会得しています。

「かつての自分と比べて落ち込まない」こと。

できるだけそうありたいですが、ガッカリしてしまうことはしょっちゅうです。

でもその代わり、落ち込んで終わりというのはなしです。

あきらめません。

２０２４年1月。本書の執筆もラストスパートの1か月となりました。その間ずっと家にこもり、書いて食べて描いて食べて……声を発するのは猫たちと話すときだけ。座り続けて、顔や口周りの筋肉も最小限しか使わなかった結果、フェイスラインはぼやけ、マリオネットライン（口角の下からハの字に刻まれるシワ）も深まり、予想はしていましたが、短期間でぐっと老けました。

今はこれをなんとかしたくて奮闘しています。久しぶりに友人に会って笑っておしゃべりするだけでも、表情筋のいいエクササイズと感じています。

時間を経て、私の美容や健康との向き合い方はマニア的なものではなくなりましたが、今は、ちょっとだけ〝きれい見え〟する小さな発見や工夫が楽しいです。

体が健やかであれば心も健やかで、美容も健康とは切り離せません。何をするにも土台となる健康は、これからますます大切に。

自分らしい暮らし方、仕事、心地いい人間関係、猫たち……大切なものを守るために、どこまでも「自分」を心地よくととのえて、受け入れたり抗ったりしながら進んでいこうと思います。

イラストレーター　柿崎こうこ

50歳からの私に
ちょうどいい美容と健康

2024年5月 5 日　初　　版
2024年9月24日　初版第4刷

著者　柿崎こうこ

発行者　菅沼博道

発行所　株式会社 CCCメディアハウス
〒141-8205 東京都品川区上大崎3丁目1番1号
電話　販売 049-293-9553
　　　編集 03-5436-5735
http://books.cccmh.co.jp

写真　河内 彩
ブックデザイン・DTP　相原真理子
校正　株式会社文字工房燦光

印刷・製本　TOPPANクロレ株式会社

ISBN 978-4-484-22258-5